12 Diamanten

D1876038

param

Maruscha Magyarosy

Michael Barnetts
12 Diamanten

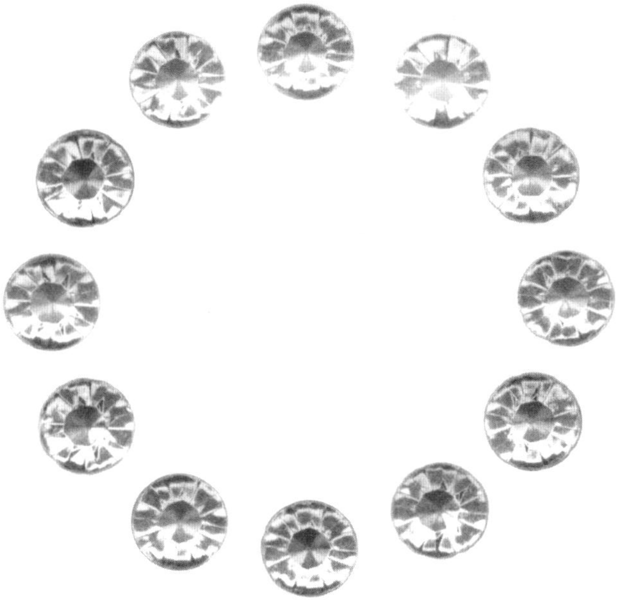

param

Die Deutsche Bibliothek – CIP-Einheitsaufnahme

Maruschi Magyarosy:
Michael Barnetts 12 Diamanten / Maruscha Magyarosy.
– Orig.-Ausg. –
Ahlerstedt : Param, 1999
ISBN 3-88755-**341**-1

Umwelthinweis

Gedruckt auf chlor- und säurefreiem Papier.

Die Übungen in diesem Buch und die Erläuterungen dazu geben die persönliche Meinung der Autoren wieder. Sie ersetzen keinesfalls medizinischen, psychologischen oder anderen fachlichen Rat. Wer die Anleitungen befolgen will, sollte das erst tun, nachdem er sich eine eigene Meinung dazu gebildet und im Zweifelsfall Dritte hinzugezogen hat. Der Verlag schließt jegliche Haftung, die von der praktischen Anwendung der in dieser Publikation beschriebenen Übungen abgeleitet werden soll, ausdrücklich aus.

© Copyright 1999 by Param Verlag, Ahlerstedt
Originalausgabe. Alle Rechte vorbehalten.
® Diamant Yoga ist ein eingetragenes Warenzeichen
des Wild Goose Company Vereins, Zürich
Die Darstellung der Übungen in diesem Werk
ist lizensiert durch Michael Barnett.

Umschlaggestaltung Karl-Heinz Koch
Illustrationen Manasa Susann Pásztor
Satz und Gestaltung ars . data . media, Ahlerstedt
Druck und Verarbeitung Offizin Andersen Nexö, Leipzig

ISBN 3-88755-**341**-1

Michael Barnett

Einklang

Was fehlt, ist schon da.
Was wir entdecken, finden wir vor.
Manchmal ist es so einfach.
Ein paar Bewegungen der Hände,
ein wenig Offenheit
– und alles ist verwandelt.

Aber nicht x-beliebige, altbekannte Bewegungen,
sondern solche, die dem natürlichen Fluß
der Dinge entspringen.
Dorther rühren sie – und sie bewegen Dich
dorthin, woher sie stammen.

So sind die 12 Diamanten beschaffen.
Sie kommen einfach und leicht,
doch reich beladen mit Essenz.
Simple Gesten – Träger der Essenz.
Erwecken Essenz. Verwandeln.

Energy Drawing
© by Michael Barnett

Stille sinkt herab.
Das Herz schwingt auf.
Leichtigkeit ist hier.
Und Lächeln.
Wohlsein.
Der Nebel löst sich und Du siehst.
Klarheit überall.

Eigentlich ein Wunder.
Ein ganz normales Wunder.

Plötzlich hast Du die Kurve gekriegt.
Oder die Welt fällt auf die Füße.

Du kommst mit dem Leben klar,
weil Du erkennst,
mitten im Leben zu sein.
Teil des Lebens, lebst Du Deinen Teil.

Diese Bewegungen entspringen spontan
einem bestimmten Zustand des Seins.
Sie spiegeln diesen Zustand,
und fördern ihn ans Licht in denen,
die sie spiegeln.

Sie sind für alle Lebewesen da.
Sie gehören den lebenden Wesen;
dem, was wir alle teilen, und das uns belebt,
ob wir es wissen oder nicht.

Sie werden mit Zuversicht dargeboten.
Ja, mit der Gewißheit,
daß sie wirken.

Sie sind ein Geschenk – eine Gabe.

Probiere sie aus und sie sind Dein.

Michael Barnett

Goldingen, Februar 1999

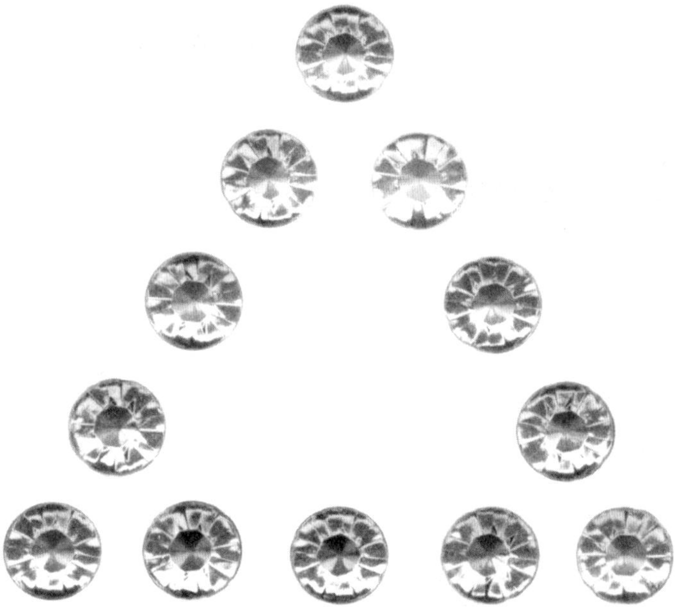

Diamant Yoga

Die 12 Diamanten sind ein Zyklus von Übungen aus dem Diamant Yoga

Der Diamant Yoga nach Michael Barnett baut eine Brücke zwischen dem Körper und den kosmischen Kräften in uns und um uns herum. Der Körper ist das Tor zu den tieferen und subtilen Dimensionen des Bewußtseins.

Wer auf dem spirituellen Weg den Körper ausläßt, verirrt sich lediglich in Träumen und Ideen über die Wirklichkeit, seien sie auch noch so schön. Der Körper kann nicht lügen, er denkt nicht, er träumt nicht. Er *ist.* Der Herzschlag braucht keine Bedeutung, der Atem braucht keine Interpretation, die Bewegung braucht kein Ziel.

Auch wenn der Körper eine grobstoffliche Struktur ist, so umgeben ihn doch feine, kosmische Kräfte. Der Körper manifestiert diese subtilen Energien in diese Welt, und dieser Prozeß vollzieht sich unaufhörlich und in jedem Augenblick neu. Die Energiearbeit des Diamant Yoga vermittelt zwischen den groben und subtilen Energien, so daß sich die kosmische Kraft in menschlicher Form ausdrücken kann und der Körper durch diese Kraft belebt und geheilt wird. So erfährt man die eigene Verbindung mit der kosmischen Schwingung – wird still, fließend, ganz.

Die Energiearbeit kann recht spektakulär sein – Katharsis, Trancezustände und starke Emotionen können auftauchen –, doch die Intention geht sehr viel tiefer, ist auf die Wiederentdeckung der essentiellen Natur des Menschen gerichtet. Die Methode arbeitet zwar am Körper, wirkt aber in Dimensionen, die jenseits des Körpers liegen.

Der Körper wird durch die kosmische Kraft belebt und geheilt, die essentielle Natur des Menschen wird wiederentdeckt und belebt.

Der Diamant Yoga ist aus der Arbeit heraus entstanden, die Michael Barnett weltweit mit Tausenden von Teilnehmern seiner Seminare und Workshops durchlebt hat. Es handelt sich um eine authentische Methode eines aktiven Lehrers, die nicht etwa schon abgeschlossen und endgültig definiert ist, sondern sich wie ein lebendiger Strom ständig verändert und weiterentwickelt.

Der in diesem Buch zusammengestellte Zyklus der *12 Diamanten* ist sozusagen die Essenz des Diamant Yoga und ein effektives Programm, das jeder leicht selbst zuhause für sich nutzen kann. Die vorgegebenen Bewegungen sind nicht anstrengend und setzen keinerlei Kenntnisse voraus.

Der Diamant ist das Symbol größtmöglicher Verdichtung und Veredelung. In großer Tiefe, unter hohem Druck und über lange Zeit wird gewöhnlicher Kohlenstoff in Diamant transformiert. Deshalb ist der Diamant ein spirituelles Symbol der Transformation des Menschen. Aus gewöhnlichem Stoff gemacht, wird auch er unter dem Druck des Leidens, durch Eintauchen in die Tiefe des Lebens und über einen langen Lebensweg hinweg zum Diamanten geformt, und dieser Diamant heißt Göttlichkeit.

Der Diamant ist ein spirituelles Symbol der Transformation des Menschen.

Man kann
den Menschen nichts
beibringen.
Man kann ihnen nur
helfen, es in sich selbst zu
entdecken.

Galileo Galilei

Das Geschenk

Die 12 Diamanten sind ein Geschenk an Dich, durch Dich und für Dich

Vor zwölf Jahren bin ich Michael Barnett, dem Urheber der *12 Diamanten,* zum ersten Mal begegnet. Es war während eines seiner Energy-Happenings. Ich war tief beeindruckt. Wir waren etwa 150 Teilnehmer und Teilnehmerinnen. Ich war eine davon.

Die folgenden zwei Jahre, während ich bei ihm – oder besser gesagt, er in mir arbeitete –, ist es ihm gelungen, mich auf meine hartnäckigsten Programmierungen zurückzuwerfen. In dieser Zeit sah ich Michael in allen Facetten und Schattierungen meiner eigenen Dualität: Heiler, Scharlatan, Genie oder Wahnsinniger, Schamane, Manipulator, Opfer und Täter, Patriarch, Krieger oder Priester, Irdischer, Außerirdischer u. a. Es gab beinahe nichts, was ich nicht in ihm zu entdecken vermutete. Ich vermied jede persönliche Begegnung mit ihm. Mein Intellekt war völlig überfordert, konnte nichts mehr einordnen, versuchte zu analysieren, zu urteilen, zu kategorisieren, vermutete, daß er möglicherweise all das sei.

Meine Anima projizierte ihre inneren Eigenschaften und Verletzungen auf Michael. Ich war mißtrauisch, ablehnend, verachtend. Und doch, etwas zog mich immer wieder in seine Nähe, ein unwiderstehlicher innerer Sog. Seine Arbeit faszinierte mich, obgleich ich sie ebensowenig einordnen konnte, wie die vielen Bilder, Emotionen und Gefühle und die unbeschreiblichen Erkenntnisse und Erfahrungen, die ich in diesen Monaten in seiner Nähe erlebte.

Heute, nach zwölf Jahren, weiß ich, daß damals etwas in mir berührt und zutiefst aufgewühlt wurde, sowohl persönlich, wie kollektiv. Etwas, was bis in die Zeiten des Matriarchats zurückgeht und sich wie ein roter Faden durch das Patriarchat bis heute wiederholte: durch meine frühkindliche Zeit, durch die Schuljahre und diversen Ausbildungen der Folgejahre, durch das gesamte Berufsleben, durch die Mann-Frau-Beziehungen. Ich entdeckte es in jeder Fortbildung, an der ich teilnahm oder die ich selbst leitete. Ich erkannte es wieder in der Begegnung mit jedem Lehrer und Meister, während meiner jahrelangen spirituellen Erkundungs-, Forschungs- und Wanderjahre, in immer wieder neuen Varianten. Ich erlebte es genauso im Umgang mit meinen eigenen Kindern und den Schülern, die zu mir kamen.

Es ist dasselbe, das überall auf der Welt, auf der Ebene der gesamten Schöpfung, zwischen allen Lebewesen, in allen menschlichen Begegnungen gespielt wird. Ein Spiel unabhängig von Traditionen, Zeiten, Positionen und Rängen, von Normen und Gesellschaftsschichten, ob in Politik oder Religion. Es geschieht einfach, wird dem jeweiligen ›Spielfeld‹ entsprechend mehr oder weniger bewußt gespielt: Es ist das ewige Wechselspiel von Macht und Ohnmacht, von Machen und Geschehenlassen, von Hoffen und Wollen, von Haben oder Sein.

Und es geht noch weiter zurück, bis zum Anfang ohne Ende: Als der Urschöpfer sein grenzenloses Spiel der Schöpfung aus der Dimension der Einheit in die Ebene der Dualität trug, jener Moment, als sich Geist aus dem Raum der unendlichen Stille in Energie und Bewegung wandelte und aus sich selbst heraus in Materie zu verdichten begann, um sich in seinen unzähligen Klängen, Formen, Farben, Gerüchen und Eigenschaften zu spiegeln.

Doch zurück zu Michael und seinen *12 Diamanten.* Für mich ist Michael heute, nach zwölf Jahren, ein höchst kreativer in allen Facetten spielender Mitschöpfer. Mit seiner einzigartigen, ungewöhnlichen Energiearbeit hat er viele Menschen auf direktem Weg durch innere Quantensprünge begleitet. Er hat sie unterstützt, sich ihrer Mitschöpfer-Verantwortung bewußt zu werden. Dies geschieht ganz einfach durch Präsenz, durch ein Wort, einen Blick, eine Berührung oder Bewegung. Er bewirkt Resonanz tief im Inneren, häufig bis zurück zur Quelle, und löst Antworten aus. Die *12 Diamanten* sind aus seiner Energiearbeit, dem Diamant-Yoga, entstanden. Sie sind ein wertvolles und höchst wirkungsvolles Geschenk für jeden.

Jeder, der bewußt am Spiel der Schöpfung, in welcher Rolle und Funktion auch immer, als eigenverantwortlicher Mitschöpfer teilhaben möchte, kann aus diesem Geschenk gewinnen, kann die unterschiedlichen Energien von Machen oder Geschehen lassen, von Macht oder Ohnmacht und das, was sich dahinter verbirgt, nicht nur während des Übens und Spielens, sondern in allen Bereichen seines Lebens erkennen und entsprechend ausbalancieren. Und sogar noch mehr: Räume erforschen, betreten, berühren oder sich berühren lassen, die ihm bislang unbekannt waren. Räume, die weit nach innen und noch weiter nach außen reichen, Dimensionen von Ursprungs-Bewußtsein, das ewige Tao. Die *12 Diamanten* auf dieser Reise ohne Ende sind wirklich ein Juwel.

Mögen viele Menschen daraus schöpfen, um ihr innerstes Juwel, ihr verborgenes Geheimnis, ihren unbezahlbaren inneren Reichtum wiederzuentdecken.

Die 12 Diamanten

Das energetisierende Körper-, Atem- und Bewußtseins-Ritual

Die *12 Diamanten* sind einfache Energieübungen, die jeder für sich selbst praktizieren und ähnlich wie Affirmationen seinen eigenen Lebensbedürfnissen entsprechend weiterentwickeln kann. Sie sind eine Kombination von Gesten, Atemübungen und Aufmerksamkeitslenkung mit der Kraft der Vorstellung. Sie bringen Heilung, führen zur Mitte und nach Hause. Dieses entspannende und energetisierende Ritual fördert den Fluß Deiner Kreativität, Deine spielerische Spontaneität und Deine Intuition. Dabei kannst Du mehr und mehr den Raum Deines innersten Wesens berühren, erfühlen und heilen. Die *12 Diamanten* sind wie eine bewußtseinsentfaltende Meditation, die Dich unterstützt, Deinen physischen Körper mit Deinem Energiekörper zu verbinden.

Das Besondere daran ist, daß sie jeder auch für sich alleine überall und jederzeit durchführen kann. Es sind äußerlich ganz einfache Übungen, die aus einem Zustand absichtslosen Handelns, völliger Stille und gleichzeitiger Wachheit ausgeführt werden. Regelmäßiges

Üben führt zu einer Integration von Aktivität und stillem Sein, von Dynamik und Stille. Es ist so etwas wie dynamische Entspannung oder entspannte Dynamik. Und dieses Bewußtsein – ruhevolle Wachheit, dynamische Stille – kannst Du dann in jeder Lebenssituation an jedem Platz der Welt herstellen.

Wachsein hat nichts mit dem Verstand zu tun. Es hat zu tun mit einer Ewigkeit, die der Verstand gar nicht erfassen kann.

Die Übungen haben einen heilenden, belebenden und bewußtseinsfördernden Wert. Dabei geht es besonders darum, Dich von innen nach außen bewegen zu lassen – vom Sein, zum Werden, zum Tun. Das heißt, während des Übens jeden Augenblick präsent und wach zu sein. Jede Körperhaltung und Bewegung, wenn sie von innen heraus durchgeführt wird, schafft eine direkte Verbindung zu Energien außerhalb Deines Körpers und Deiner Persönlichkeit. Spannungen, festgelegte und starre Strukturen, Panzer, Blockaden können aufgelöst werden.

Die Diamanten unterstützen Dich, einen Raum zu berühren, den man gewöhnlich als den ›sechsten Sinn‹ oder auch ›Intuition‹ bezeichnet. Konsequentes Üben ermöglicht Dir, ein Stückchen aus jenem Raum immer mehr in Deinen Alltag herüberzuholen, bis es bald keine Trennung mehr gibt, zwischen hier und dort, zwischen Intuition, Intellekt und Körper. Dabei sind die Übungen ganz einfache, spontane, natürliche Bewegungen – ein Atmen, ein Ausbalancieren, ein Öffnen und Reinigen, so daß Körper, Seele und Geist ins Gleichgewicht kommen. Sie lassen Dich ein tiefe Wahrheit finden, Deine Wahrheit, unser aller

Wahrheit. Dabei geht es darum, dieses Wissen, Deine Wahrheit, in die Tat umzusetzten und das immer wieder zu üben, in jeder Situation, bis Du wieder zu dem lebendigen strahlenden Diamanten wirst, der Du schon immer warst, der jeder von uns immer war, und dann aus dieser strahlenden Essenz heraus durch jede Pore Deines lebendigen menschlichen Körpers handelst, sagt Michael Barnett zu seinen *12 Diamanten.*

Verloren-Sein bedeutet, dem Vertrauten verlorengegangen zu sein. Dann bist Du auf der ersten Stufe des Gefundenwerdens.

Jede Körperhaltung und jede Bewegung verbindet uns, wenn sie von innen heraus durchgeführt wird, mit dem, was um uns ist. Das Wichtigste dabei ist, Dich aus dem Raum der Stille bewegen zu lassen.

Jedes aufrichtige wahrhaftige ›Tun‹ geschieht aus einem solchen Zustand, aus dem Raum des ›Nicht-Tuns‹, aus dem Tao, dem Raum absoluter Stille und Ruhe. Es ist jener energetische Raum, aus dem der Diamant-Yoga hervorgegangen ist. Das ist Erwachen, das ist wirkliche Meditation, egal, was Du dann tust, überall, wann und wo auch immer. Und dann kann es geschehen, daß Du auf einmal entdeckst, es ist alles für Dich ausgebreitet, ohne daß Du etwas dazu tun müßtest, außer da zu sein, gegenwärtig zu sein, offen zu sein, was dasselbe ist wie wach sein, sein, was Du schon immer warst, ein Energiewesen in einem Universum, dessen Realität reine, strahlende Energie ist, strahlende Liebe. Doch dieses Strahlen ist unpersönlicher Natur. Es liegt aber auch ein tiefes Miteinander-Teilen darin. Und während das geschieht, gehst Du über die Schönheit des Teilens hinaus – ihr werdet eins. Wenn Du mit jemandem das Strahlen teilst, tust Du es in gewisser Weise mit Dir selbst. Ihr teilt etwas, das zu Euch beiden kommt. Ihr spielt im Kosmos. Der Kosmos spielt durch Euch.

Ein weiterer Schlüssel ist der Atem. Das harmonische Wechselspiel von Atem und Bewegung, anstrengungslos, weich, fließend.

Dein Atem ist wie ein Geburtshelfer: Er ist es, der Dich wieder mit Deiner diamantenen Essenz verbindet.

Atem und Bewegung und Vorstellung fließen bei jeder Übung harmonisch ineinander. Du atmest alles ein, was um Dich herum geschieht. Und es ist Dein Atem, der Dich bewegt. Du spürst, wie sich Dein Körper mit jeder Einatmung ausdehnt und wie er sich mit jeder Ausatmung zurückzieht. Und doch geschieht das Gegenteil. Wenn Du einatmest, füllst Du Dich mit dem, was Dich umgibt. Wenn Du ausatmest, ist es umgekehrt. Du läßt los und verbindest Dich im Loslassen wieder mit dem, was Dich umgibt. Es ist wie eine Beziehung, ja eine Liebesbeziehung zu Dir, zur Welt, zum Kosmos, zum Universum. Und wenn Du dann hineinspürst, erkennst Du, daß Einatmen und Ausatmen eins werden mit dem, was Dich umgibt, und Du wirst eins mit allem, was in Dir ist. Außen und innen verschmelzen durch Deinen Atem.

Die Übungen haben nichts mit dem Verstand zu tun. Es ist wichtig, Deinen Körper und Dein Herz als Wahrnehmungsorgan zu erkennen, dem Körper und dem Herzen die Führung zu überlassen. Der Verstand hat nicht das Unterscheidungsvermögen des Herzens.

Wenn der Verstand still wird und das ganze Energiesystem in einen Zustand der Entspannung übergeht, dann verändert sich jede Zelle des Körper und beginnt zu strahlen und zu leuchten. Dann kann das wirkliche Aufwachen geschehen, die Neugeburt. Das läßt sich vergleichen mit dem Sterben der Welle im Ozean. Es ist wie das Eintauchen der Welle in die Tiefe Deines ursprünglichen Wesens, hinter dem Dein Geheimnis verborgen ruht. Und Du läßt das Leben geschehen aus dem Ozean Deiner wahren Natur.

Es

geht darum, uns unserer
noch schlummernden
Symphonie des Lebens
bewußt zu werden
und sie
so kreativ und lebendig
wie möglich
eigenverantwortlich
mitzuspielen.

Die 12 Grundsätze

Bevor Du mit den Übungen beginnst, möchte ich Dir einige Hinweise geben, die Dich unterstützen, Dein schlummerndes Potential zu aktivieren und Deine Wahrnehmung und Intuition zu erweitern. Mit anderen Worten, ›diamantgerecht‹, mit der entsprechenden Einstellung und Wertschätzung für diese zwölf kostbaren Juwelen zu üben.

1 Gleicher Zeitpunkt und vertrauter Ort

Besonders anfangs ist es hilfreich, möglichst zum gleichen Zeitpunkt und am gleichen Ort zu üben.

2 Ungestört

Die 5–15 Minuten mit den *12 Diamanten* gehören nur Dir. Achte darauf, daß Du ungestört bleibst – kein Telefon, keine Hausglocke.

3 Ein Bewußtseins-Ritual

Dein natürlicher Atem führt die Bewegung. Atemansatz ist Bewegungsansatz. Entscheide selbst, ob Du lieber langsamer oder schneller übst. Entdecke den

Unterschied. Die Diamant-Übungen sind kein Fitneß-Training. Sie sind ein Körper-, Atem- und Bewußtseins-Ritual, deren Wirkungen nicht zu unterschätzen ist.

4 Entspannter Blick

Mit geschlossenen Augen ist es anfangs einfacher, Dich nach innen fallenzulassen. Du nimmst weniger Reize von außen auf. Deine Aufmerksamkeit kann beobachten, was in Deinem Körper, Deinem Mikrokosmos vor sich geht. Spüre selbst, ob Du die Augen lieber geöffnet oder geschlossen halten möchtest. Erlaube der Weisheit Deiner Augen die Entscheidung. In jedem Fall ist es wichtig, die Augen zu entspannen und wenn sie geöffnet bleiben wollen, den Blick weich und weit werden zu lassen.

5 Öffne Dich

Öffne Deinen ganzen Körper, Deine Hände, Dein Herz. Spüre die Verbindung, den heilenden Strom, von Deinem Herzen zu Deinen Händen. Stell Dir vor, jede Zelle Deines Körpers, jede Faser, jeder Winkel ist ein sich öffnendes, sehendes Auge, ein sich öffnendes, hörendes Ohr. Jede Pore Deiner Haut ist eine atmende Nase, die mit jeder Ein- und Ausatmung überflüssige Begrenzungen transzendiert und auflöst. Dein Körper verfügt über unsichtbare, energetische, empfangende Antennen, die weit über ihn hinausreichen.

6 Vom Intellekt zur Intuition

Laß Dich von der Weisheit des Tao bewegen, von der Stimme Deines Herzens. Laß Dich von der Dir innewohnenden Intelligenz Deines Körpers führen, nicht von Deinem Intellekt. Das ewige Tao ist weiser als der Käfig unseres begrenzten Verstandes, als alle Vorstellungen und Erwartungen, die Du von Dir, von anderen, von allen Übungen und deren Wirkungen hast.

7 Aufmerksamkeit in jedem Augenblick

Der Weg ist das Ziel. Sei in jedem Augenblick präsent, wach, aufmerksam, bewußt. Achte darauf, was sich in jedem Moment ereignet. Sei mit Deiner ganzen Aufmerksamkeit mit und bei der Bewegung, die gerade geschieht. Werde zur Übung selbst. Nicht mechanisch hier anfangen, dort enden, indem Du glaubst, nicht der Weg sei wichtig, sondern nur das Ziel. Schenke dem Weg dieselbe Beachtung wie dem Ausgangs- und dem Endpunkt.

8 Von innen nach außen

Nicht aus Deinem Kopf, Deinem Verstand heraus sollen die Übungen kommen, sondern aus dem Raum des ›Nicht-Tuns‹. Das heißt: vom Üben-Wollen, zum Üben-Lassen, zum Geübt-Werden. Das ist das Üben aus dem Tao. Es hat die höchste Wirkung.

9 Vom Machen zum Lassen

Übergib Dich dem Fluß der universellen Lebensenergie, die verbindend in Dich strömen möchte. Fühle oder stell Dir vor, wie sie die in Dir schlummernde Energie aktiviert, Spannungen und Blockaden löst, wie Dein innerstes Potential wieder lebendig werden kann.

Plötzlich magst Du erkennen: Es bewegt Dich, Du wirst bewegt. Aus einer unendlichen Stille heraus. Das ist echtes Üben, authentisch, wahrhaftig.

10 Verbindung von Außen und Innen

Je losgelöster Du übst und jeden Leistungszwang losläßt, desto mehr Bewußtheit kann sich entfalten. Blockierte Energie kann wieder in Fluß kommen. Öffne Dich der kosmischen und irdischen Energie von außen. Laß Dich von ihr durchdringen, so daß sie sich mit der in Dir schlummernden Schöpferkraft verbinden kann und die kreative Intelligenz von außen und von innen mehr und mehr durch Deine verdichtete Körperform strömen, sich befreien, entfalten und wirken kann.

11 Erforsche, spiele, erschaffe

Nach einiger Zeit regelmäßigen Übens, wenn Du schon einige Erfahrungen gesammelt hast und Dir der Übungsablauf vertraut ist, kannst Du Dir einzelne Elemente herausnehmen und diese für sich erforschen. Du kannst sie austauschen und entsprechend Deiner Kreativität etwas Neues daraus entstehen lassen. Forsche, spiele, kombiniere.

12 Regelmäßig

Dauerhafte Wirkungen kann man nur bei regelmäßigem Üben erwarten. Laß die *12 Diamanten* zu einem natürlichen Bestandteil Deines Lebens werden wie Essen, Trinken oder Zähneputzen. Dann entdeckst Du, daß Du immer mehr in jenen Zustand kommst, der wahre Meditation ist, absichtsloses Dasein, überall und jederzeit. Stille und Bewegung geschehen gleichzeitig. Dann bist Du im Tao.

Was
im Zentrum
Deines Körpers wohnt
und
in jeder seiner Zellen, ist
auch in der Sonne, im
Mond und in der Erde,
in allen Planeten und
Lebewesen.
Und es wohnt im Herzen
eines jeden Menschen
und im Herzen allen
Seins.

Upanishaden

Einstimmung

Bevor Du mit den *12 Diamanten* beginnst, ist es sinnvoll, Dich einzustimmen. Dadurch gewinnst Du Abstand von Deinem Alltag.

Stelle Dich hin, die Beine schulterbreit gespreizt, weich in den Knien, Füße fest auf dem Boden. Dein Mund ist geöffnet, Unterkiefer locker. Deine Arme hängen entspannt zu beiden Seiten. Spüre Dich. Spüre alles, was da ist. Beobachte Deinen Atem. Laß Dich von ihm nach innen begleiten. Betrachte Deinen Atem wie eine Brücke, die Dich über die Außenwelt nach innen führt und wieder zurück. Du kannst die Augen schließen, wenn es Dir gut tut. Oder aber laß sie geöffnet, ohne Deinen Blick auf etwas Besonderes zu fixieren. Entspanne Deine Augen, laß Deinen Blick weich und weit werden. Erlaube der Energie um Dich herum, zu Dir zu kommen, Dich zu berühren, so wie Sonnenlicht durch die geöffneten Fenster dringt. Nimm Dir Zeit. Vertraue darauf, daß geschieht, was jetzt bereit ist zu geschehen. Nicht mehr und nicht weniger. Du brauchst Dich nur zu öffnen und den Weg zu ebnen.

Du kannst zwischen fünf Möglichkeiten wählen, Dich einzustimmen. Wenn Du mehr Zeit hast, kannst Du sie alle fünf durchführen:

1 Springen

Hüpfe auf der Stelle, federnd oder springend, entsprechend Deiner Kondition. Höre nicht plötzlich auf, sondern laß das Springen langsamer werden (1–3 Minuten). Spüre nach, wie sich Dein Körper jetzt anfühlt.

2 Joggen

Lauf auf der Stelle, als ob Du in freier Natur joggst. Lockere Deinen ganzen Körper. Spüre, wie er allmählich aufwacht, wie Deine schlummernde Energie zu strömen beginnt. Laß auch diese Bewegung langsamer und ruhiger werden, bis sie allmählich wie von selbst aufhört. (1–3 Minuten)

3 Schütteln

Stell Dir vor, Dein Körper sei ein Federbett, das von innen nach außen geschüttelt wird. Laß Dich schütteln. Du brauchst Dich dabei nicht anzustrengen. Wenn Dein Körper es möchte, erlaube ihm unkontrollierte, chaotische Bewegungen (1–3 Minuten). Erinnere Dich, das Wichtigste ist, nichts zu machen, sondern Dich bewegen zu lassen, befreiende, lösende Bewegungen, nicht aus Deinem Verstand, sondern aus einem Impuls von innen nach außen. Spüre nach, hat sich etwas verändert – Atem, Pulsieren o. ä.? Fühlt sich Dein Körper schon etwas lebendiger, bewußter an?

4 Ausstreifen

Streife Deinen ganzen Körper aus, vom Kopf beginnend über Dein Gesicht, Nacken, Hals, Arme, Brust, Bauch, Rücken, Gesäß, Beine, Füße, als ob Du Dich von unnötigem Ballast reinwaschen würdest, Deinem eigenen und dem, der von außen an Dir klebt und gar nicht zu Dir gehört. Schüttele dann Deine Hände aus.

5 Lichtdusche

Visualisiere einen großen Lichtball, der Deinen ganzen Körper durchströmt. Das Licht gleicht entweder dem goldgelben Sonnenlicht oder dem silberweißen Mondlicht entsprechend Deinem jeweiligen Zustand. Beginne über der Krone Deines Kopfes, dann zum Hals, über Arme, Rumpf, Beine und durch die Füße bis tief in die Erde. Erlaube der Kreativität und Spontaneität in Dir, die solare oder die lunare Lichtdusche durch Deinen Körper und durch das Energiefeld um Dich herum rieseln zu lassen. Nach einiger Zeit regelmäßigen Übens kannst Du vielleicht fühlen, wo und an welcher Stelle Du gerade von dem reinigenden, harmonisierenden, sanften Lichtstrom berührt und genährt wirst.

Meist eilt
unser Geist voraus,
ein Ziel zu
erreichen, ein Ziel,
das in Wirklichkeit
in uns liegt.

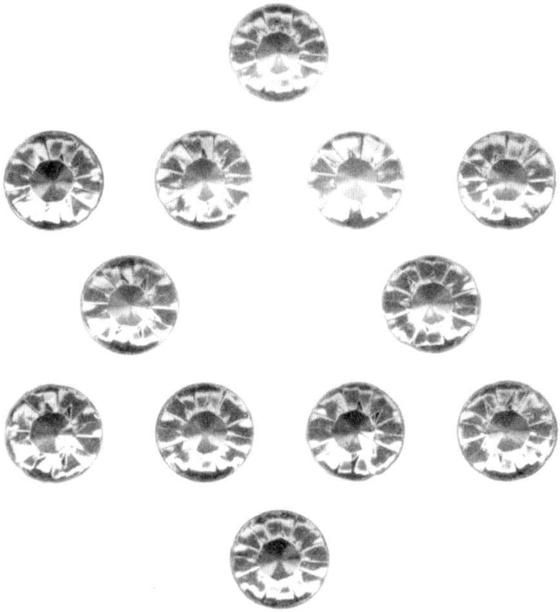

Den Energieraum schaffen

Führe langsam beide Arme über den Kopf. Die Zeigefinger deuten in den Himmel, wie zwei Antennen zum Kosmos. Halte diese Stellung einige Atemzüge lang mit gestreckten Armen. Stell Dir vor, Dein ganzer Körper, beginnend bei den Zeigefingern bis hin zu den Fußsohlen, wird mit kosmischer Energie aufgeladen.

Mit dem nächsten Einatmen führst Du dann Deinen gestreckten rechten Arm seitlich bis in Schulterhöhe nach unten und mit dem Ausatmen wieder nach oben; dasselbe mit dem linken Arm. Wiederhole diese Übung mit jedem Arm dreimal in diesem Rhythmus:

Ausatmen – nach oben über den Kopf
Einatmen – nach unten bis in Schulterhöhe

Nach dem letzten Mal (mit dem linken Arm) bleibst Du wie zu Beginn der Übung einige Atemzüge lang mit beiden Armen über dem Kopf. Fühle, was mit Deinen Händen geschieht.

Mit dem nächsten Ausatmen führst Du *beide* Arme gleichzeitig, Zeigefinger noch immer wie zwei Antennen ausgestreckt, im Halbkreis seitlich auf Schulterhöhe. Mit dem Einatmen bringst Du sie wieder nach oben über den Kopf. Wiederhole diese Übung dreimal:

Ausatmen – beide Arme nach unten auf Schulterhöhe
Einatmen – beide Arme nach oben über den Kopf

Beim letzten Mal bringst Du Deine Arme mit dem Ausatmen seitlich auf Schulterhöhe und läßt sie dann wie von selbst langsam nach unten sinken und zur Ruhe kommen. Spüre nach, was innerhalb und außerhalb Deines Körpers und in Deinen Händen geschieht.

Beachte Deine Hände gehören zu den Hauptkanälen, die Dich mit den kosmischen Energien verbinden. Sie sind daher für alle *12 Diamanten* von großer Bedeutung. Deine Hände sind sowohl Sender als auch Empfänger. Deshalb stimme Dich auf sie ein, richte Deine Aufmerksamkeit auf sie. Spüre die Bewegung Deiner Hände, als ob sie sich in einer Art Nektar, einem kosmischen, heilenden Fluidum bewegen. Nach einiger Zeit kann es geschehen, daß Du beim Üben die Luft, die feinstoffliche Energie, die Dich umgibt, immer mehr wahrnimmst, jene Essenz, die sich innerhalb und außerhalb Deines Körpers befindet und die genauso alles andere durchdringt, was existiert.

Die Weisheit Deines Herzens ist dem Tao näher als Dein Verstand.

Zweiter Diamant

Den Energieraum erweitern

Führe Deine Arme wieder über den Kopf, Zeigefinger deuten nach oben wie zwei Antennen. Bleib einige Atemzüge lang in dieser Stellung. Laß Dich mit kosmischer Energie aufladen. Mit dem nächsten (hörbaren) Ausatmen führst Du Deinen rechten Arm gestreckt im Kreisbogen nach vorne bis in Schulterhöhe und mit dem Einatmen in gleicher Weise wieder nach oben, dasselbe mit dem linken Arm; abwechselnd mit jedem Arm dreimal:

Ausatmen – Arm nach vorne bis in Schulterhöhe
Einatmen – Arm nach oben über den Kopf

Du beendest diesen Diamanten mit beiden Armen nach oben gestreckt. Und wie zu Beginn bleibst Du einige Atemzüge lang in dieser Haltung. Deine Zeigefinger deuten wie zwei Antennen in den Himmel. Mit dem nächsten Ausatmen kommen beide Arme gleichzeitig nach vorne bis in Schulterhöhe, mit dem Einatmen wieder nach oben, dreimal:

Ausatmen – beide Arme nach vorne bis Schulterhöhe
Einatmen – beide Arme nach oben über den Kopf

Abschließend hältst Du wieder beide Arme einige Atemzüge lang nach oben gestreckt. Die Zeigefinger deuten wie zwei Antennen hinaus in den Kosmos. Stell Dir vor, Du lädst Deine Hände wie zwei Batterien mit Licht und kosmischer Energie auf. Vielleicht kannst Du auch schon ein Prickeln spüren.

Wenn der Verstand still wird und das ganze Energiesystem in einen Zustand der Entspannung übergeht, kann sich jede Zelle des Körpers verändern

Laß dann diese mit kosmischer Energie aufgeladenen Hände wie von selbst ganz langsam nach unten kommen, an die Stellen Deines Körpers, wohin die Intelligenz Deines Körpers und die Weisheit Deiner Hände, nicht der Verstand in Deinem Kopf, sie führt. Und wenn Du Deinen Händen erlaubt hast, ihren Platz zu finden, läßt Du sie etwa eine halbe bis eine Minute dort ruhen.

Beachte Deine Hände verfügen über ein ganz eigenes Wissen. Je bewußter und regelmäßiger Du übst, desto mehr hast Du Zugang zu diesem intuitiven Wissen, desto mehr entfaltet und erweitert sich Deine Wahrnehmung. Du brauchst kein Bücherwissen, um diese Erweiterung und alles, was damit verbunden ist, logisch begründen oder analysieren zu können. Durch Dein spielerisches Erforschen der Energie in Dir und um Dich herum kannst Du vieles auf andere Weise herausfinden.

Erlaube Deinen Händen deshalb, dorthin zu gehen, wo sie sich hingezogen fühlen. Das kann direkt auf dem Körper sein oder auch etwas entfernt davon. Du bist kein Automat, der mechanisch eine Übung ›durchzieht‹. Übergib Dich vertrauensvoll der intuitiven Entscheidung Deiner Hände. Sie sind jetzt mit allerlei Energien aufgeladen und sie werden intuitiv an jene Stellen Deines Körpers gehen, an denen sie gebraucht werden, dorthin, wo die Intelligenz und Weisheit Deines Körpers bereit ist, sie zu empfangen. Dabei wird in Dir etwas vervollständigt, harmonisiert, eine Art Ganzheit, Einheit wiederhergestellt.

Dein Körper, Deine Gedanken und Worte, Deine Gefühle sind reine Energie in Bewegung. Und Energie kennt keine Grenzen.

Dritter Diamant

Die Dornenhecke öffnen

Kreuze langsam die Arme vor der Brust. Die Hände liegen leicht auf den Schultern. Erlaube den Mittelfingern einen leichten Druck an den Stellen, an denen Du die Schultern berührst. Beuge dann Deine Knie leicht und beuge gleichzeitig Deinen Oberkörper weit nach vorne. Streiche dabei mit den Händen über den Brustkorb und führe sie seitlich nach außen, bis sie gestreckt sind, als ob Du alles Belastende wie Dornengestrüpp rechts und links von Dir zur Seite schieben würdest.

Gleichzeitig atmest Du mit hörbarem Seufzen aus. Stell Dir vor, Du befreist Dich durch diese Bewegung und mit der Ausatmung von altem dornigen Gestrüpp: Widerstände, Unwissenheit, Angst, Traurigkeit, Zweifel u. a. – alles, was sich über die Jahre in Deinem Körper eingenistet hat, alles, was Du lange mit Dir herumgetragen hast und was jetzt überflüssig geworden ist, was Dich daran hindert, Freiheit zu erleben und zu genießen.

Mit dem Einatmen richtest Du Dich wieder auf und

bringst Arme und Hände in die Augsgangsposition zurück. Wiederhole diesen Diamanten drei- bis fünfmal oder öfter, falls es Deine Zeit erlaubt.

Ausatmen (seufzend) – Arme seitlich nach außen
Einatmen – zurück in die Ausgangsposition

Beachte Während Du die einzelnen Diamanten durchführst, ist es gut, hörbar auszuatmen. Vielleicht bemerkst Du, daß sich der Ton beim Ausatmen verändert, je nach dem, welche Bewegung Du gerade durchführst. Wenn Du Deine Hände schnell und kraftvoll voneinander trennst, wird sich wahrscheinlich ein scharfer, zischender Laut ergeben. Wenn Du hingegen weiche Bewegungen ausführst, wird sich Dein Atem eher sanft, strömend, fließend anhören. In jedem Fall laß die Laute einfach kommen, wie sie kommen wollen. Selbstverständlich kannst Du die Diamanten auch still praktizieren, wenn Dir das besser gefällt. Doch die Wirkung ist durch bewußtes Ausatmen in Verbindung mit hörbaren Lauten viel effektiver und intensiver.

Es ist der Atem, der die gesamte Fülle Deines innersten Potentials in Dir wieder wachruft und Dich in Dir selbst auf Deine wahre Bestimmung hinweist.

Im bewußten Atmen, ob still oder hörbar, liegt ein weiterer Schlüssel: Einatmen bedeutet, die Welt in Dir zu empfangen, in Dich aufzunehmen. Während des Ausatmens schenkst Du Dich der Welt zurück, verströmst Dich in sie, dehnst Dich in sie aus, mit allem, was Du hast und bist.

Die Punkte der Freude aktivieren

Freude setzt Energie frei, die vorher blockiert war.

Leg den Mittelfinger Deiner rechten Hand unter Dein rechtes Schlüsselbein und Deinen linken Mittelfinger unter das linke Schlüsselbein, direkt auf die »Punkte der Heiterkeit«. Sie liegen unmittelbar am oberen Brustkorb unter den Schultergelenken (siehe Bild). Bleib einige Atemzüge lang genau an diesen Punkten, damit Du mit ihnen bewußt Kontakt aufnehmen kannst.

Mit dem nächsten Ausatmen – Du erlaubst Dir wieder einen hörbaren Ton – beugst Du gleichzeitig Oberkörper und Knie. Deine Hände beschreiben dabei einen Bogen nach vorne und unten. Stell Dir vor, Du ziehst alles Negative aus Deinem Körper und aus Deinem Energiefeld, alles, was Deine Lebensfreude hindert, was den Fluß der Freude blockiert.

Mit dem Einatmen kommst Du in die Ausgangsstellung zurück. Auch diesen Diamanten wiederholst Du drei- bis fünfmal oder öfter, sofern es Deine Zeit zuläßt.

Ausatmen – nach vorne und unten kommen
Einatmen – zurück in die Ausgangsposition

Stell Dir vor, wie Du mit jeder Ausatmung, während Du Dich nach vorne beugst, alles der Erde übergibst, was Dein Mikrokosmos jetzt bereit ist loszulassen, wie Kompost, auf dem Neues wachsen kann. Alles, was Dich begrenzt, Freude, Lebendigkeit, Glücklichsein sinnlich zu erfahren und mit der Welt zu teilen. Alles, wodurch Du Dich hast begrenzen lassen oder Dich selbst begrenzt hast, Deinen heiteren Urzustand ganz einfach zu genießen; auf der körperlichen, auf der seelischen und geistigen Ebene. Und am wichtigsten: Begrenzungen Deines Denkens, versteinerte Überzeugungen, eingefahrene Denkmuster und verrostete Programmierungen, sie alle sind verkapselt in Deinen Zellen, haben sich in Deinem verspannten Körpergewebe verdichtet, besonders auch an diesen wichtigen Energiepunkten. Sie hindern Dich, Deinen natürlichen Zustand, Deine Lebensfreude zu verwirklichen, zu verströmen und mit Deinen Mitmenschen zu teilen.

Die Präsenz Deines Verstandes ist am größten, wenn er still ist. Wenn der Verstand zur Ruhe kommt, wird er klar.

Du beendest diese Übung mit Deinen beiden Mittelfingern an den Punkten der Heiterkeit. Einige Atemzüge lang hältst Du diese Position. Dann bringst Du mit dem Einatmen Deine Ellbogen wie zwei Flügel seitlich nach oben und hältst die Stellung, solange es Dir gut tut. Atme dann weiter bewußt und tief ein und aus. Erlaube Deinem Atem innerhalb Deines Körpers bis nach oben an die Stellen der Heiterkeit, an die Punkte der Freude, zu strömen.

Visualisiere, wie Du gleichzeitig mit Deinen Ellbogen rechts und links zwei Betonwände von Dir wegschiebst, während Du den Atem bis in Deine Lungenspitzen strömen läßt und dabei diese wichtigen Energiepunkte noch einmal von innen nach außen dehnst und Dich mit jedem Atemzug mehr und mehr weitest.

Und mit der nächsten Ausatmung löst Du Dich aus dieser Position, läßt die Arme langsam seitlich nach unten sinken und spürst nach.

Jedes wirklich erfolgreiche Tun geschieht aus dem Raum der Stille heraus. Es ist ein Zustand des Nicht-Tuns, des Nicht-Eingreifens, jener energetische Raum, aus dem die 12 Diamanten hervorgegangen sind. Du bist leer und gleichzeitig wach.

Beachte Die kosmische Energie fließt durch etwa 72.000 Kanäle innerhalb Deines Körpers. Taoisten sprechen von Meridianen. Die Yoga-Lehre spricht von etwa 84.000 Nadis. Kosmische Energie, Chi oder Prana – welchen Namen wir auch immer der universellen Lebensenergie geben –, kann jedoch nicht frei fließen, wenn Deine Kanäle und die damit verbundenen Energiepunkte blockiert sind. Und das hat Auswirkungen auf Deine Gesundheit, auf Deine gesamte Verfassung. Jahrhundertelang wurden in allen Kulturen Körper- und Atemübungen entwickelt, um diese Kanäle zu reinigen. Die *12 Diamanten* reinigen sie äußerst effektiv.

Eine wesentliche Rolle spielt dabei der Wechsel von Spannung und Entspannung. Du übst Druck aus auf

Körperbereiche, auf Energiepunkte, die häufig unter Druck oder Spannung stehen. Der äußere Druck verdoppelt den bereits vorhanden inneren Druck. Wenn Du dann am Ende der Übung den äußeren Druck löst, löst sich auch jedesmal ein Teil des Drucks, der Blokkade, in Dir.

Den Horizont erweitern

Du hast Deinen vertrauten Urzustand verloren. Bist Du bereit, Dich von dem Dir jetzt noch Unbekannten wiederfinden zu lassen?

Du ballst Deine Hände leicht und sanft zu Fäusten und bringst sie vor Deiner Kehle oder Deinem Gesicht zusammen. Dabei berühren sich die Daumen der Länge nach und zeigen nach oben. Führe dann langsam mit dem Einatmen die Fäuste und Ellbogen nach oben über den Kopf. Während Du ausatmest beschreibst Du mit den Fäusten einen seitlichen vertikalen Halbkreis nach unten, bis die Fäuste sich vor Deinem Bauch wieder berühren. Von dort bringst Du sie zurück in die Ausgangsstellung. Wiederhole diesen Diamanten drei- bis fünfmal.

Einatmen – Fäuste und Arme vor dem Körper nach oben
Ausatmen – seitlich nach unten

Du beendest diesen Diamanten mit den Fäusten an der Ausgangsstellung. Abschließend läßt Du Arme und Hände langsam nach unten sinken, um nachzuspüren.

Beachte Spüre in Dich hinein. Wie geht es Dir? Was fühlst Du, wenn Du Deine Fäuste ganz langsam, im Zeitlupentempo, wieder öffnest, die Hände von der Geste der Kraft zur Geste der Absichtslosigkeit wandelst? Spürst Du dabei eine Bereitschaft, Altes loszulassen, überflüssige Überzeugungen, starre Ansichten, längst überholte Meinungen, Urteile und Voruteile, Wertungen und Bewertungen, Vergleiche und Vorstellungen davon, wer und wie Du bist und wie andere sind oder sein sollten? Kannst Du allmählich leer und frei werden, um Platz für Neues und Dir jetzt noch Unbekanntes zu schaffen, Neues zu empfangen und zu erschaffen, den Raum vorzubereiten, so daß sich Dein schlummerndes Potential ausdehnen kann?

Jedesmal nimmst Du ein wenig mehr aus dem Raum des Dir noch Unbekannten mit herüber in den Dir gewohnten Raum, bis irgendwann einmal beide Räume in Deiner Wahrnehmung eins werden, bis Du die eine Wirklichkeit innerhalb der anderen erkennen und sie leben kannst.

Oder hast Du Angst, der großen Wahrheit in Dir zu begegnen? Vielleicht sogar Angst, Deine Ur-Angst, die mehr oder weniger bewußt tief in Dir, in jeder Zelle Deines Körpers sitzt, überhaupt erst einmal zu fühlen, sie zu akzeptieren, damit Du sie wieder befreien kannst? Denn sie ist es, die Dein ursprüngliches Urvertrauen umklammert hält, die Dich begrenzt und behindert, Dich mit Deiner diamantenen Essenz wieder zu verbinden und Dich ganz einfach in diesen Deinen Ursprung hineinfallen zu lassen und von Deiner heilenden Quelle durchströmt zu werden.

Sechster Diamant

Den Herzlotus öffnen

Bring Deine Fingerspitzen in die Mitte des Brustkorbs, direkt zum Herzzentrum, dort wo sich auch Deine Thymusdrüse befindet, hinter dem Brustbein. Laß sie eine Weile dort ruhen. Stell Dir vor, gebündelte goldgelbe Lichtstrahlen strömen von Deinen Fingern tief in die Höhle Deines Brustraums. Sie durchdringen alles Festgefahrene und Eingefrorene, das Deinem innersten Zentrum, Deinem Ursprungsbewußtsein im Wege ist.

Deine Fingernägel berühren sich leicht. Atme tief und sanft, Dein Brustbein hebt sich mit der Einatmung. Während des Ausatmens läßt Du Dich tiefer und tiefer mit Deinem Bewußtsein nach innen sinken.

Nach etwa einer Minute streichst Du beim Ausatmen mit den Fingerspitzen über den Brustkorb nach außen und weiter, bis die Arme gestreckt sind, als ob Du Dich von allem Begrenzenden befreien und alte Hautschichten abschälen wolltest. Du streifst die Begrenzungen ab, die Dich daran hindern, Dich mit Deinem Herzen auszusöhnen und wieder zu verbinden. Räum alles weg, was Dich blockiert, in Deinen Herzlotus einzutauchen, um die Freiheit und Spontaneität Deines Herzens und den Fluß reiner absichtloser Liebe zu erleben.

Beim Einatmen bewegst Du Deine Hände in einer horizontalen Kreisbewegung zu ihrer Ausgangsposition auf dem Herzzentrum zurück.

In dieser Stadt Brahmans, die Dein Körper ist, ist eine ganz kleine Stätte in Form eines Lotus, in der ein kleiner Raum ist. Was darin ist, sollst Du erforschen. Das sollst Du wirklich suchen und erkennen.
Upanishaden

Du kannst Dir vorstellen, was Du abstreifen möchtest: vielleicht Trauer, Groll oder alte Verletzungen, die Du noch immer festhältst, Angst vor Nähe, Angst vor Einsamkeit und Verlassenwerden, Angst vor der Liebe und Wahrheit in Dir, Widerstände, die Illusion des Verlassen-Seins, trennende Mauern, Panzer u. a.

Oder aber Du überläßt Dich ganz einfach der Weisheit und Intelligenz Deiner Hände und Deines Körpers, das abzugeben, loszulassen, was jetzt im Augenblick Dein Mikrokosmos wirklich nicht mehr braucht: alles, was Deinem Ursprungsbewußtsein im Wege steht. Das bringt Dich dem Ort in Dir, den Du glaubst, verloren zu haben, wieder näher, führt Dich zurück zu Deiner innersten Heimat und Geborgenheit.

Ausatmen – mit Fingerspitzen nach außen streifen
Einatmen – in weitem Bogen zur Ausgangsposition

Abschließend läßt Du wieder, wie zu Beginn, einige Atemzüge lang Deine Fingerspitzen an der Schwelle vor Deinem Herzzentrum, am Brustbein, ruhen. Visualisiere, wie gebündelte, weiche goldgelbe Lichtstrahlen tief in das Zentrum Deines Herzens strömen und Deinen Herzlotus heilen und entfalten. Hast Du das Gefühl, Dir vielleicht wieder ein Stückchen näher gekommen zu sein?

Dein mystisches Herz weiß alles, was es zu wissen gibt.

Abschließend läßt Du Hände und Arme langsam nach unten sinken und spürst hinein, was wohl wirklich in Deinem Herzlotus verborgen sein mag, was dort seit jeher auf Dich wartet.

Beachte Besonders während Du diesen Diamanten durchführst, bleib die ganze Zeit bei Dir, bewußt, wach und aufmerksam. Beobachte Deine Hände, Deinen Herzschlag, Deinen Atem. Es ist viel mehr Intelligenz in Deinen Händen, in Deinem Körper, um Deinen Körper herum und noch weiter darüber hinaus, als im Käfig des begrenzten Verstandes. Laß alle Gedanken los, mach Dich immer wieder leer, übe ganz einfach weiter. Beobachte, wie Dein Verstand sich wieder und wieder einschaltet, zweifelt, in Frage stellt und Dir den Weg versperrt. Erinnere Dich an das Symbol des Herzlotus und überlaß Dich wieder Deiner Bewegung, Deinem Körper, Deiner Energie, die in Dir und um Dich herum immer präsent ist.

Vielleicht kannst Du fühlen, wie Du jedesmal ein bißchen tiefer in den Raum Deines Herzens, in Dein innerstes Zentrum eintauchen kannst, wie Du dort Dich selbst berührst oder berührt wirst von etwas, was tief in Dir verkörpert ist, etwas, das Dir ermöglicht, eine völlig neue, erweiterte Sicht allmählich länger und öfter zu erleben. Es mag vorerst nur für Augenblicke sein, bis Du von der Dimension der Zeitlosigkeit, von Deiner Unsterblichkeit, gefunden und schließlich neugeboren wirst als der menschliche Diamant, der in allen Facetten leuchtet, ausgesöhnt mit allem, was ist, der alle Gegensätze integriert und vereint hat: Himmel und Erde, Geist und Körper, Animus und Anima, Licht und Schatten, Tod und Geburt, Mikrokosmos und Makrokosmos.

Dein verlorener Diamant ist Dein Urzustand, der Seinszustand Deiner transzendenten Wirklichkeit, den Du vorübergehend vergessen und verloren hast.

Und Du erkennst im Bruchteil einer Sekunde, daß all das Du bist, daß Du in allem bist und alles in Dir. Es gibt keine Trennung mehr zwischen Außen und Innen. Lachend durchschaust Du Deine selbst geschaffenen Illusionen.

Das Universum hereinholen

Wenn Du Dich auf das Loslassen einstimmst, kann die universelle Lebensenergie Dich berühren, und Du kannst Dich mit ihr verbinden. Und dann wirst Du von der Weisheit und tiefen Wahrheit in Dir gefunden.

Mit dem Einatmen bringst Du beide Arme seitlich gestreckt über den Kopf. Diese Position hältst Du einige Atemzüge lang. Weite und dehne Dich. Öffne Deinen Brustraum, Dein Herz. Öffne Dich der Welt, dem Universum, Deinen Mitmenschen. Öffne Dich Deinem höheren Selbst, der unsichtbaren Essenz, die innerhalb und hinter der Dualität mit allem verbunden ist, ewig, zeitlos, überall. Laß Dich von Deiner eigenen Präsenz und der Energie aus dem Kosmos und aus der Erde aufladen und durchströmen.

Mit dem nächsten Ausatmen bringst Du Deine Hände langsam wieder an Dein Brustbein und berührst ganz sacht mit den Fingerspitzen die Tür zu Deinem Herzzentrum.

Beim Einatmen streckst Du die Arme mit geöffneten Händen wieder weit nach oben, und während Du ausatmest, kommen Deine Fingerspitzen wieder ganz langsam nach unten auf den Herzlotus. Wie gebündelte Lichtstrahlen, die riesige Energiemengen in und um sich mit herunterziehen, öffnen sie zum richtigen Zeitpunkt die Schwelle zu Deiner Schatzkamer, Deinem Herzen. (drei- bis fünfmal)

Einatmen – Arme und Hände weit nach oben, außen
Ausatmen – Fingerspitzen auf das Herzzentrum

Du beendest diese Übung mit den Fingerspitzen an Deinem Brustbein, bleibst einige Atemzüge lang dort und beobachtest, was an dieser Stelle geschieht. Erlaube der Weisheit Deines Herzens, das aufzunehmen und sich mit dem zu nähren, was Dein Mikrokosmos jetzt, in diesem Augenblick braucht, um Deinem innersten Geheimnis näherzukommen und mehr und mehr die Quelle Deines Daseins zu entdecken.

Die Verbindung mit der Lebensenergie war und ist immer da. Sie ist in Dir und um Dich herum. Du bist ein Teil davon.

Erlaube anschließend Deinen Händen wieder, den Ort um oder an Deinem Körper zu finden, an den die Weisheit Deines Körpers und Herzens sie hinführt. Spüre, was dort geschieht.

Beachte Du kannst Dir vorstellen, was Du aus dem Universum, aus der Dimension der Zeit- und Grenzenlosigkeit herüberholen möchtest, was Du jetzt für Dein tägliches Leben brauchst, aber noch wichtiger, was Dich Deiner inneren Wahrheit näherbringt. Oder aber, Du überläßt Dich Deiner Intuition, der Weisheit und Intelligenz Deines Körpers und Deines Herzens, das zu empfangen, was Dein Mikrokosmos jetzt aufnimmt, um sein ganzheitliches Gleichgewicht wiederherzustellen.

Wenn Du losläßt, gibt es zwischen Deinem Mini-Universum und dem Makro-Universum keinen Unterschied mehr.

Wie hat sich inzwischen Dein Urvertrauen entwikkelt? Willst Du noch mitwirken oder kannst Du Dich mehr und mehr vertrauensvoll dem Dir innewohnenden Wissen, Deinem inneren Heiler, überlassen und das Richtige von selbst, aus Deiner höheren Wirklichkeit heraus, geschehen lassen, ohne daß Du persönlich viel dazu tun mußt?

In jedem Fall ist Offenheit ein weiterer Schlüssel, ein goldener Schlüssel, der Dich unterstützt, das Schloß zu Deinem inneren Gehäuse wieder zu öffnen. Und je näher Du Deinem Wesen, Deiner Essenz kommst, desto mehr Energie wird frei, reine Lebensenergie, und desto unwesentlicher werden Worte. Denn Worte, Bilder, Symbole, Gebete, Anrufungen, Meditationen, Übungen sind nur vorübergehende Hilfen. Du kannst sie überall finden, in jeder Religion, in jeder Kultur, in jeder Tradition. Doch wenn Du für immer zuhause bist, ist all das überflüssig.

Entlang der Diamanttreppe

Daumen und Zeigefinger sind weit gespreizt. Daumen und Zeigefinger der rechten Hand berühren Daumen und Zeigefinger der linken. Dies ist die Geste (Mudra) des Diamanten. Führe Deine Hände so über Deinen Scheitel. Halte die Position einige Atemzüge lang. Fühle die Kraft, die durch diese Haltung in Dir entsteht.

Atme tief ein und puste hörbar den Atem aus, während Du den Diamanten mit Schwung vor die Stirn bringst. Die Daumen sind jetzt in Höhe der Nasenwurzel.

Dann atmest Du wieder ein und hörbar aus, während Du schwunghaft den Diamanten vor Deine Kehle führst. Die Fingerspitzen sind dann in Höhe des Kinns.

Dein Körper ist ein Ort tiefer Weisheit.

Atme wieder tief ein und hörbar aus. Dann stellt sich der Diamant waagerecht mit den Handflächen nach unten, während er sich zu Deinem Herzzentrum bewegt, bis die Daumen darauf liegen.

Wieder einatmen, beim nächsten hörbaren Ausatmen dreht sich der Diamant weiter, bis die Handflächen zum Körper weisen, während Du ihn zum Solarplexus bringst.

Wieder einatmen und beim Ausatmen den Diamanten schwunghaft weiter nach unten führen, zum Bauch, etwas unterhalb des Nabels. Die Daumen liegen auf oder knapp über dem Nabel.

Die Verkörperlichung unseres Geistes bewirkt gleichzeitig die Vergeistigung unseres Körpers.

Einatmen; mit dem Ausatmen bringst Du den Diamanten so weit nach unten, bis Deine Arme ganz gestreckt sind. So verharrst Du einige Atemzüge lang und stellst eine bewußte Verbindung mit Deiner Urkraft, der Kraft aus Deinen Wurzeln her.

Dann kommst Du in gleicher Weise wieder nach oben, bis der Diamant wieder über Deinem Scheitel steht. So verharrst Du ebenfalls einige Atemzüge lang.

Einatmen – Hände über den Kopf
Ausatmen – Hände vor die Stirn – Einatmen
Ausatmen – Hände vor die Kehle – Einatmen
Ausatmen – Hände vor das Brustbein – Einatmen
Ausatmen – Hände zum Solarplexus – Einatmen
Ausatmen – Hände unter den Nabel – Einatmen
Ausatmen – Arme gestreckt – einige Atemzüge
dann in gleicher Weise zurück – einige Atemzüge

Der achte Diamant wird dynamischer und schwunghafter durchgeführt, als alle anderen. Mit den Händen über dem Scheitel ruhst Du Dich noch einige

Atemzüge lang aus, während Du Dir vorstellst oder inzwischen schon wahrnehmen kannst, wie Deine Hände und die Geste des Diamanten zwischen Deinen Händen mit Licht und Energie aufgeladen werden. An den sieben Positionen, die der Diamant hinab- und heraufsteigt, liegen die Energiezentren Deines Körpers.

Beachte Unser Körper ist wie ein Buch mit »sieben Siegeln«, den sieben verschlüsselten Energiezentren (Chakras), die es im Laufe unserer Menschwerdung zu entschlüsseln und zu entfalten gilt. Die Chakras dienen in unserem Energiesystem als Empfangsstationen, Transformatoren und Verteiler der verschiedenen Energiefrequenzen, die für die verschiedenen Bereiche unserer menschlichen Existenz notwendig sind. Darüber hinaus strahlen sie Energie in unsere Umgebung aus. Über unsere Chakras treten wir in Austausch mit den Energien, die auf den verschiedenen Entwicklungsebenen in uns, in unserer Umwelt und im gesamten Universum wirksam sind.

Die Geste des Diamanten öffnet, aktiviert, reinigt und harmonisiert das jeweilige Energiezentrum. Die Bewegung entlang der Diamanttreppe verbindet Deine Chakras untereinander und verbindet Dich mit Himmel und Erde, mit Geist und Materie.

Der menschliche Mikrokosmos mit seinen sieben Haupt-Energiezentren ist wie eine Schöpfungs-Symphonie, in die alle Organe und Sinne, alle Elemente, Farben, Formen, Symbole und Klänge einstimmen.

Neunter Diamant

Der Diamant-regen

Deine Hände mit dem Diamanten sind noch oberhalb Deines Scheitels. Öffne den Diamanten und laß Deine mit Licht und Energie aufgeladenen Handflächen seitlich über den Kopf, den Hals, die Schultern, den Rumpf und die Beine bis zu den Füßen hinuntergleiten. Stell Dir vor, wie Dein Körper dort, wo ihn Deine Hände berühren, mit Licht und Energie aufgeladen wird. Die Energie, die durch Deine Hände von außen in Deinen Körper geleitet wird, stimuliert die in Deinen Körperzellen schlummernde Lebensenergie und aktiviert das erloschene Licht wieder. Der innere Funke, Dein Lebens- und Lichtkeim im Kern Deiner Zellen wird wieder zum Leuchten gebracht.

Die Weisheit Deines Körpers ist wie der Schamane in Dir. Jede Zelle ist ein Speicher von Licht, von Feuer und Energie — Millionen Lichtfunken, die Dich befreien und in klares reines Licht wandeln möchten.

Beachte Sei ganz im Augenblick, ganz bei Dir, jede Sekunde nur bei der Übung. Verliere Dich in der Bewegung und stell nicht in Frage, ob Du richtig oder falsch übst. Sei ganz Du selbst. Laß Dich bewegen. Erlaube der Intelligenz Deines Körpers, der Energie, die Dich pausenlos durchströmt und sich durch Dich ausdrückt, Dich zu bewegen.

Je leerer Du wirst, desto mehr können Dich die Strahlen des Diamanten, Deine höhere Wirklichkeit, berühren, und Du kannst Deine Essenz wahrnehmen, zu Deiner Wahrheit zurückfinden.

In unseren Zellen schlummert das Urwissen, die gesamte Weisheit der Schöpfung, das wir auf der Reise zu uns selbst entschlüsseln können.

Zehnter Diamant

Himmel und Erde verbinden

Knie Dich hin und forme noch einmal mit den Händen den Diamanten. Deine Handflächen liegen auf dem Boden und Deine Stirn berührt ihn in der offenen Mitte des Diamanten. Diese Stellung hältst Du etwa eine halbe bis eine Minute lang. Spüre, was geschieht, dort, wo Deine Stirn den Boden berührt. Du kannst Dir vorstellen, wie Deine Energie genau an dieser Stelle in die Erde strömt, wie sie die verdichtete Substanz der Erde, des Bodens unter Dir, durchdringt und sich mit ihr verbindet. Es geht darum, mit dem Geist, die Materie zu durchdringen und zu beleben. Und vielleicht erkennst Du, daß all das Energie ist.

Himmel und Erde werden durch Dich geboren. Und Du bist jederzeit als die Essenz selbst in allem und an keinen bestimmten Ort gebunden.

Hebe dann langsam Deinen Kopf. Der Diamant bleibt noch etwas am Boden. Fühle die Verbindung zwischen Diamant und Stirn. Steh anschließend auf und spüre nach: oben ist unten, unten ist oben, alles ist eins und ruht.

Beachte Dieser Diamant symbolisiert, wie die Erde vom Himmel begrüßt wird. Der Himmel begrüßt und befruchtet die Erde, um sich an ihren Früchten zu erfreuen. Die Erde wird vom Geist empfangen, und Du als Mensch bist der Mittler, das Medium. Nur wenn Du bereit bist, Dein spirituelles Bewußtsein, Deine diamantene Essenz, auf die Erde zu bringen, in die Welt hinauszutragen und Dich mit ihr zu verbinden, kannst Du wieder ganz und heil werden.

Dein Körper ist von Bewußtsein durchdrungen.

Vielleicht hast Du vergessen, daß auch Du Teil der Erde bist? Du kannst nicht getrennt von ihr existieren. Wir haben ein gemeinsames Erbe, Mutter Erde, alle Menschen und deren Kinder und Kindeskinder. Wir bestehen aus Staub, Wasser und Feuer. Wir atmen dieselbe Luft, und wir existieren durch denselben Hauch des Geistes, der uns und das ganze Universum durchdringt und belebt.

In Deiner Essenz bist Du reiner, unsterblicher Geist, kosmische Energie. Und Geist kann niemals zerstört werden. Geist ist die Lichtkraft, die alles durchdringt. Du bist Licht, Du bist Energie und Du bist Erde. Beides möchte in Dir, in Deinem Körper, verbunden werden und mehr und mehr verschmelzen. Der kosmische Mensch in Dir ist bereits vollkommen. Er wartet darauf, neu geboren zu werden, wiedergeboren, immer wieder neu, um sich in allen Facetten durch Dich zu entfalten.

Alles, was ist, entstammt dem Geist, es beruht auf Geist und wird durch Geist geformt.
Buddha

Jeder der *12 Diamanten* hat zum Ziel, Dich und Deinen Körper von Deinem unbegrenzten Wesen ergreifen, von dem kosmischen Menschen in Dir und von seiner Liebe durchdringen zu lassen. Jede Zelle Deiner physischen Form soll durchlichtet und zum leuchtenden Strahlen Deiner diamantenen Essenz entfaltet werden, deren Schwingung reine absichtslose Liebe ist, die Liebe, aus der Du geboren wurdest, die Du im Leben verkörperst und die Du ewig bist.

Liebe ist das Ursprungslied der Schöpfung. Aus unermeßlicher Liebe entstanden die Galaxien, die Sterne, die Erde – und Du.

Die Geste der Absichtslosigkeit

Stehe so entspannt Du kannst, die Füße schulterbreit auseinander, die Knie locker, die Handflächen leicht nach oben gerichtet. Das ist eine Haltung, in der Du offen und aufnahmebereit bist. Werde zu dieser ganz einfachen Geste: Hier bin ich, offen, bereit, erreichbar. Ich habe etwas zu geben, und ich kann etwas empfangen.

Bleib eine halbe bis eine Minute in dieser Stellung. Sei ganz einfach. Erlaube es der Intuition in Dir, zu empfangen oder loszulassen, was notwendig ist, um Dich, Deinen Mikrokosmos, wieder auszubalancieren. Beobachte einfach nur Deinen Atem. Einatmen bedeutet, sich dem Leben hinzugeben. Ausatmen heißt loslassen, abgeben. Das Gleichgewicht zwischen Deiner Ein- und Ausatmung spiegelt Deine ausgewogene Bereitschaft zwischen Empfangen und Loslassen. Die Bereitschaft zu empfangen, sich hinzugeben, kann genauso schwer sein, wie abzugeben, loszulassen. Manche

Jeder von uns trägt den ganzen Kosmos in sich. Alles, was außen geschieht, ist in Wirklichkeit ein Ereignis in Dir.

Menschen glauben, nur Durchhalten mache sie wirklich stark. Doch meist stärkt uns gerade das Loslassen.

Du kannst diesen Diamanten auch zwischen jedem der anderen elf einnehmen, sofern Du Dir die Zeit dafür erlaubst. Bleibe jeweils eine Weile in dieser Körperhaltung stehen, in der Du sowohl empfänglich wie gebend bist.

Beachte Erlaube den Energien um Dich herum, aus dem Kosmos und aus der Erde, in Dich einzuströmen, durch Dich zu fließen und alles, was jetzt noch blokkiert ist, aufzulösen, ohne daß Du dabei mitwirken mußt. Du brauchst wirklich nichts zu tun, außer leer zu werden, einfach nur zu sein.

Das Sterben hinein ins Leben ist das wahre Geheimnis. Und Leben heißt Lieben. Und Lieben heißt Loslassen, Mitschwingen und Fließen mit allen Veränderungen.

Mit allen Methoden, Techniken und Übungen können wir nur den Weg bahnen, uns zu öffnen. Doch das wirkliche Geheimnis erfährst Du im Geschehenlassen. Es ist das Einfachste und doch für viele das Schwierigste. Du findest es in diesem Raum der Stille. Erlebe diesen Diamanten wie eine absichtslose Meditation, eine tiefe Entspannung.

Wir haben die Kunst verloren, einfach zu sein. Leistungszwang, komplizierte Übungen und hochgesteckte Ziele lassen es uns schwer werden. Die meisten tun etwas nur, um ein bestimmtes Ziel zu erreichen, so auch bei Übungen. Wir streben konkrete Wirkungen an. Unsere Vorstellung ist fixiert auf eine Absicht. Dadurch verfehlen wir das Freisein, die Freude und die Leichtigkeit des Augenblicks. Wir müssen wieder lernen, einfach zu sein.

Ich habe beobachtet, daß ein zweckgebundenes Üben nicht das vermittelt, was die *12 Diamanten* wirklich vermitteln können. Das wirkliche Ziel, besser gesagt, die tiefe Erfahrung, die hinter allen vordergründigen Zielen verborgen ist, wird verfehlt. Die subtile Kraft und die Wirkung der Absichtslosigkeit ist nicht zu unterschätzen. Absichtslosigkeit fragt nicht nach dem Ergebnis.

Vielleicht spürst Du Deinen Körper als Trennwand zwischen innen und außen, oben und unten. Doch je mehr Du Dich Deiner höheren Wirklichkeit übergibst, kannst Du alle Gesetze des Universums als Deine eigenen wiedererkennen.

In der Absichtslosigkeit bleibt Raum für Spontaneität, Leichtigkeit und Kreativität, während sich das Ziel aus sich selbst heraus verwirklichen kann. Es gibt keine störenden Gedanken, kein erzwungenes Machen, kein Wollen, keinen Ehrgeiz. Gleichzeitig kannst Du jene befreiende Erfahrung erleben, daß Du als Schöpfer und Deine Schöpfung eins werden, daß Du in Deine Schöpfung eingehst. Mit anderen Worten: Du als Übender wirst zur Übung selbst. Jede Trennung ist aufgehoben. Dieser Prozeß kann um so leichter geschehen, je mehr es Dir gelingt, alles erzwungene Machen und Wollen loszulassen.

Zwölfter Diamant

Empfangen, geben, integrieren

Langsam führst Du beide Hände gleichzeitig bis in Schulterhöhe nach oben. Deine Handflächen zeigen nach vorne und leicht nach oben. Laß Deine Hände weiter nach oben gleiten. Schau ihnen nach, indem Du Dich leicht zurückbeugst und zum Himmel blickst.

In dieser Stellung bleibst Du eine halbe bis eine Minute lang und läßt Deine Arme und Hände dann wieder langsam herunterkommen, entweder nur in die Ruhestellung oder dorthin, wohin sie jetzt wollen. Dann laß sie dort etwa eine Minute lang ruhen und nimm bewußt wahr, was geschieht.

Es gibt kein Ziel zu erreichen. Du selbst bist das Ziel. Du bist das Sein. Und das Sein ist ewig.

Erinnere Dich, Du bist der Übende und die Übung. Es bewegt sich durch Dich, durch uns alle, pausenlos von selbst, aus einer harmonischen Vollkommenheit und Stille heraus. Und es gibt nichts mehr zu tun, als es geschehen zu lassen.

Frage Dich Bist Du wirklich bereit, Dein letztes Geheimnis, Deine tiefste Wahrheit, Deinen in allen Facetten strahlenden Diamanten im Kern Deines Wesens, in der Tiefe Deines Menschseins aufzuspüren, zu befreien und in alle Bereiche Deines Lebens einfließen zu lassen?

In jedem menschlichen Körper schlummert Gott, der Schöpfer, als Embryo, und er hat nur einen Wunsch, erkannt und geboren zu werden.
Deepak Chopra

Das Bewußtsein
von Leere
und gleichzeitiger Fülle
hat nichts mit dem
Verstand
zu tun. Es ist eine
Ewigkeit und
Grenzenlosigkeit,
die der Verstand
gar nicht erfassen kann.

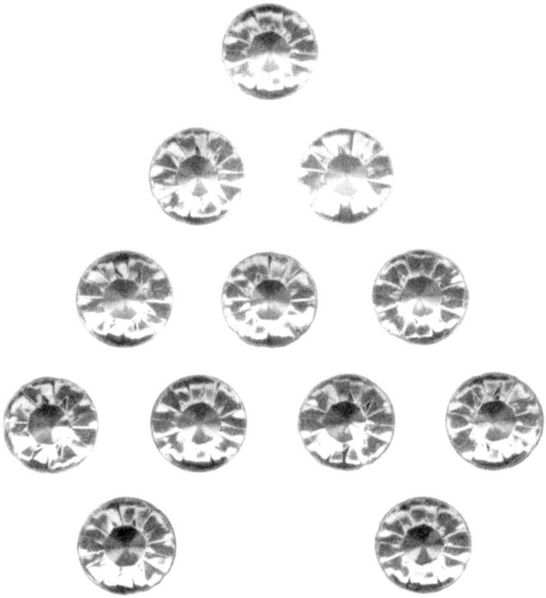

Auf einen Blick

Eine übersichtliche Darstellung der 12 Diamant-Übungen

In diesem Kapitel werden die *12 Diamanten* noch einmal in übersichtlichen Zeichnungen dargestellt. Die begleitenden Kurztexte dienen als Erinnerungshilfe.

Die Übungssequenz beginnt mit dem Einstimmen und zwar eine oder mehrere der folgenden Möglichkeiten

1 Springen

2 Joggen

3 Schütteln

4 Ausstreifen

5 Lichtdusche

Erster Diamant

Den Energieraum schaffen

1

Beide Arme über den Kopf
Zeigefinger wie zwei Antennen zum Kosmos

2

Einatmen – rechten Arm seitlich in Schulterhöhe
Ausatmen – rechten Arm nach oben über den Kopf

3

Einatmen – linken Arm seitlich in Schulterhöhe
Ausatmen – linken Arm nach oben über den Kopf
beide Arme einige Atemzüge lang über Kopf halten

4

Ausatmen – beide Arme in Schulterhöhe
Einatmen – beide Arme über den Kopf

5

Ausatmen – beide Arme seitlich auf Schulterhöhe
langsam nach unten sinken lassen, nachspüren

1.
2.
3.
4.
5.

Zweiter Diamant

Den Energieraum erweitern

1 – 3 – 5 – 7

Beide Arme über den Kopf

Zeigefinger wie zwei Antennen zum Kosmos

2

Ausatmen (hörbar) – rechten Arm nach vorne in Schulterhöhe

Einatmen – rechten Arm nach oben über den Kopf

4

Ausatmen (hörbar) – linken Arm nach vorne in Schulterhöhe

Einatmen – linken Arm nach oben über den Kopf

beide Arme einige Atemzüge lang über Kopf halten

6

Ausatmen (hörbar) – beide Arme nach vorne in Schulterhöhe

Einatmen – beide Arme nach oben über den Kopf

8

Ausatmen – beide Arme in Schulterhöhe

langsam nach unten sinken lassen, mit den Händen einen Platz am Körper finden lassen, nachspüren

1., 3., 5., 7.
2.
4.
6.

Dritter Diamant

Die Dornenhecke öffnen

1

Arme vor der Brust gekreuzt, Hände auf die Schultern, mit den Mittelfingern leichter Druck

2

Ausatmen (hörbar) – Oberkörper beugen, Arme seitlich nach außen

3

Einatmen – Oberkörper aufrichten, Arme zurück in die Ausgangsposition

Vierter Diamant

Die Punkte der Freude aktivieren

1

Rechten Mittelfinger an die rechte Schulter, linken Mittelfinger an die linke Schulter, unterhalb des Schlüsselbeins, leichter Druck
einige Atemzüge lang halten

2

Ausatmen (hörbar) – Oberkörper beugen, Hände im Kreisbogen nach vorne in Richtung Boden

3

Einatmen – zurück in die Ausgangsposition

1.
2.
3.

Fünfter Diamant

Den Horizont erweitern

1

Hände leicht und sanft zu Fäusten ballen

2

Einatmen – Fäuste und Ellbogen vor dem Körper nach oben

3 – 4

Ausatmen – Fäuste seitlich im Bogen nach unten

5

Zurück in die Ausgangsstellung

Hände öffnen, nach unten sinken lassen, nachspüren

1.
2.
3.
4.
5.

Sechster Diamant

Den Herzlotus öffnen

1
Fingerspitzen in die Mitte des Brustkorbs

2
Ausatmen – mit den Fingerspitzen nach außen streifen

3
Einatmen – Hände in einem seitlichen Halbkreis zurück zur Ausgansposition

4
Hände seitlich nach unten sinken lassen
nachspüren

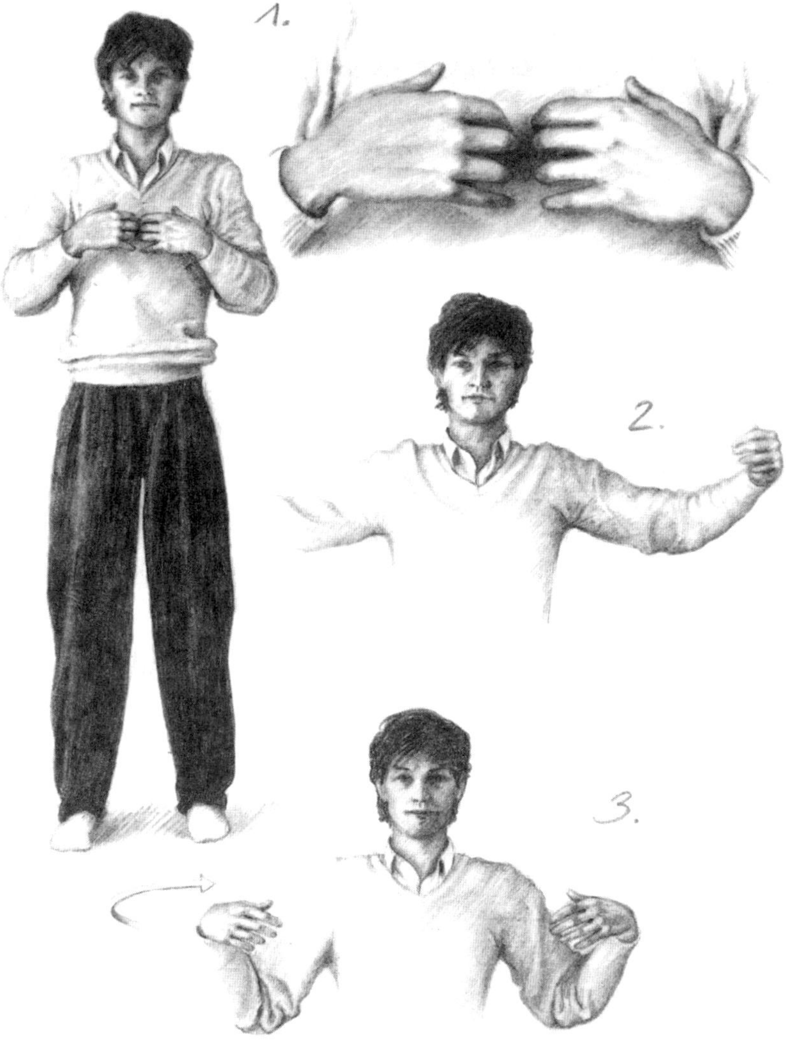
1.
2.
3.

Siebter Diamant

Das Universum hereinholen

1

Einatmen – beide Arme seitlich gestreckt über den Kopf bringen

2

Ausatmen – Hände zurück zum Brustbein

3

Abschließend mit den Händen einige Atemzüge lang am Brustbein verweilen, nach unten sinken lassen, nachspüren

1.
2.
3.

Achter Diamant

Entlang der Diamanttreppe

1

Einatmen – Hände als Diamant oberhalb des Kopfes

2

Ausatmen – Hände vor die Stirn – Einatmen

3

Ausatmen – Hände vor die Kehle – Einatmen

4 – 5

Ausatmen – Hände vor die Brust, Handflächen nach unten drehen, Daumen am Brustbein – Einatmen

6

Ausatmen – Hände zum Solarplexus, Handflächen auf den Körper – Einatmen

7

Ausatmen – Hände unterhalb des Nabels – Einatmen

8

Ausatmen – Arme ganz gestreckt, Handflächen zum Körper, dort einige Atemzüge lang bleiben

9

Zurück in umgekehrter Reihenfolge und im selben Rhythmus

10

Abschließend Hände einige Atemzüge lang über dem Kopf halten

1.
2.
3.
4.
5.
6.
7.
8.

Neunter Diamant

Der Diamantregen

1

Hände als Diamant über dem Scheitel
einige Atemzüge lang halten

2 – 3

Hände langsam öffnen, Handflächen seitlich entlang des Körpers vom Kopf bis zu den Füßen hinuntergleiten lassen

1.
2.
3.

Zehnter Diamant

Himmel und Erde verbinden

1

Auf Knien mit den Händen den Diamanten bilden

2

Handflächen auf dem Boden legen, Stirn berührt den Boden in der Mitte des Diamanten
hinspüren, was geschieht

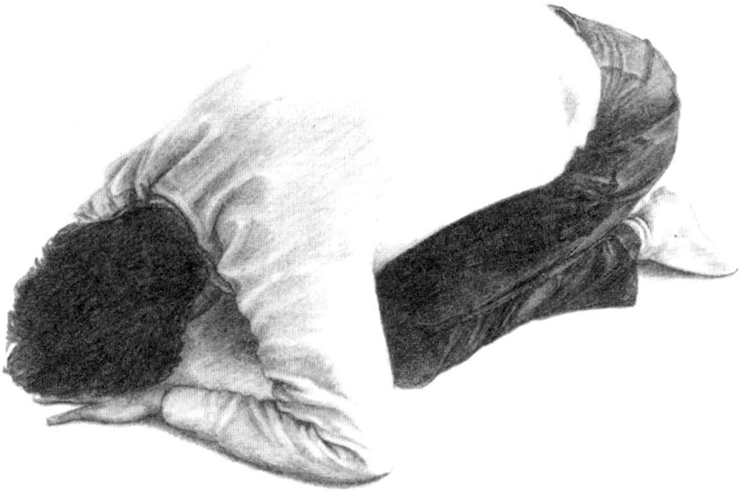

Elfter Diamant
Die Geste der Absichtslosigkeit

So entspannt wie möglich stehen, Arme und Hände vor dem Körper, Handflächen leicht nach oben gerichtet, offen, bereit, erreichbar

Zwölfter Diamant

Empfangen, geben, integrieren

1

Beide Hände gleichzeitig bis auf Schulterhöhe nach oben bringen

2

Handflächen zeigen nach vorne, kommen weiter nach oben bis über den Kopf, Gesicht blickt zum Himmel, leicht zurückbeugen, einige Atemzüge so bleiben

3

Hände wieder langsam nach unten sinken lassen, spüren, wohin die Weisheit und Intuition des Körpers sie führt

1.
2.
3.

Wenn
das Suchen
aufhört, kann
das Finden
geschehen.

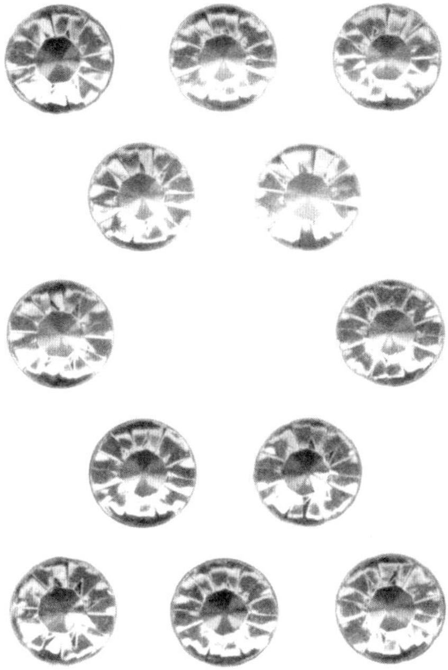

Erfahrungen

mit den 12 Diamanten

Die einfachen Übungen des Diamant Yoga führten mich in einen Raum, den Worte nur schwer beschreiben können. Als ich die *12 Diamanten* kennenlernte, erlebte ich einen Seins-Zustand, der sich mit unserer Sprache nur begrenzt ausdrücken läßt. Dieser einfache Zyklus von Übungen war für mich und ist es immer wieder wie eine Brücke von der verbalen *Kommunikation* zu einer nonverbalen *Kommunion* mit mir selbst, mit den verschiedenen Ebenen meines Seins. Ich wußte sofort: Aus diesem grenzenlosen Raum sind alle Methoden entstanden, egal unter welchem Namen sie bekannt sind oder in welchen Formen sie erscheinen. Die verschiedenen Traditionen mit ihren verschiedenen Meistern haben dafür unterschiedliche Ausdrucksformen hervorgebracht und an ihre Schüler weitergegeben, aber die Essenz von all dem ist tief in mir, tief in jedem Menschen längst vorhanden. Wir müssen diesen ›verlorenen‹ Diamanten nur bergen.

Den wahren Wert der *12 Diamanten* habe ich Jahre später auf meinen Seminaren erlebt, als ich diesen

Zyklus von Energie-Übungen in mein Trainings-Programm eingebaut habe. Die Reaktion ist fast immer betroffenes Schweigen, eine für Gruppen ungewöhnliche Stille.

In den meisten Gruppen, bei den meisten Übungen besteht ein Bedürfnis nach verbaler Kommunikation. Jeder möchte seine Erlebnisse so schnell wie möglich aussprechen, seine Erfahrungen in den Raum werfen, mit dem Rest der Gruppe teilen. Nicht selten ist dieses Mitteilungsbedürfnis auch ein Verlangen nach Selbstdarstellung. Bei den *12 Diamanten* stellt sich statt der verbalen Kommunikation eine schweigende *Kommunion* ein, eine stille Verbindung untereinander und eine Verbindung jedes einzelnen mit sich selbst, mit seinem Körper, mit seiner Seele, mit seinem Herzen. Es scheint, als ob die Teilnehmer keiner Worte mehr bedürfen oder das Reden als Beschädigung der Gefühle betrachten, wenn sie aus dieser Erfahrung mit dem Wissen einer tieferen, grenzenlosen Verbindung *heim*kommen.

Die *12 Diamanten* setze ich bevorzugt zum Ausklang des Tages ein. Während dieser zwanzig bis dreißig Minuten habe ich selbst eine völlig veränderte Verbindung zur Gruppe. Meine Augen sind meist geschlossen. Dadurch erlebe ich das Üben innerhalb der Gruppe viel intensiver. Mein Körper und mit ihm mein Bewußtsein wird durchlässiger, und ich spüre, was mit einzelnen Teilnehmern geschieht, ohne sie zu sehen. Anfangs war das nicht einfach und auch nicht angenehm für mich, denn dabei mußte ich erkennen, daß alles, was ich bei meinen Teilnehmern beobachte, genauso auch in mir ist.

Mit der Zeit nahm ich eine sich langsam aufbauende unsichtbare, ganz besonders subtile Kraft wahr, eine Energie, die sich zwischen uns hin- und herbewegt, wie eine heilende Schwingung, die in und durch die Gruppe strömt, uns einhüllt und schließlich den ganzen Raum erfüllt. Ich kann sie in jeder Zelle spüren.

Am Ende des Übungszyklus bin ich jedesmal erfüllt von strömender Dankbarkeit und Ergriffenheit, daß ich dieses Geschehen teilen, daß ich den Impuls setzen darf, daß Menschen sich vertrauensvoll einem solchen Erleben öffnen und diese Verbindung auf einer so subtilen Ebene teilen, die ihnen mehr oder weniger bewußt ist.

Die folgenden Berichte sind Auszüge von Erfahrungen, die bei meinen Seminarteilnehmern durch die *12 Diamanten* ausgelöst wurden. Ich habe besonders berührende Erlebnisse ausgewählt, die ich nach Rücksprache mit den Betreffenden weitergeben darf. Die Namen wurden geändert.

Kurt, 53, Verkaufsleiter

Als junger Mann lernte ich meine Emotionen und Gefühle zu intellektualisieren. Dann begann ich, sie zu rechtfertigen, zu verleugnen oder zu unterdrücken. Sie berührten mich unangenehm, waren hinderlich für meinen beruflichen Erfolg. Ich hatte Angst, mein Gesicht zu verlieren.

Als ich mit den Energie-Übungen aus dem Diamant Yoga begann, konnte ich ein merkwürdiges Phänomen beobachten: Meine vielen nicht zum Ausdruck gebrachten Emotionen drängten nach Befreiung, vorwiegend in den Beugemuskeln meines Körpers. Die chronischen Beschwerden in meinem Magen, in meinen Nieren und in meiner Blase erschienen mir immer mehr so, als ob diese Organe Tränen vergießen, die ich meinen Augen bisher nicht gestattet hatte. Und da ich keinen Kontakt zu meinen Gefühlen hatte, hatte ich auch keine Beziehung zu meinem Körper, kein Mitgefühl für meine Familie. Ich nahm alles wie eingefroren wahr. Und es wurde mir bewußt, daß ich tatsächlich getrennt war, getrennt von mir, von meinem Körper, von meinem Herzen und von meiner Umwelt. Ich lebte in einem Zustand vollkommener Isolation. Erst jetzt weiß ich, was es bedeutet, mit mir und mit meinen Mitmenschen verbunden zu sein.

Markus, 26, Student

Der Schlüssel-Diamant ist für mich »Das Universum hereinholen«. Dabei erlebe ich immer wieder eine Verbundenheit von außen und innen, oben und unten. Ich fühle mich dann geborgen, beschützt, unterstützt vom ganzen Universum, von der Welt und von der Erde. Langsam gewinne ich mein Vertrauen in das Leben, in die Welt zurück. Meine dramatischen Kindheitserinnerungen lösen sich langsam auf, und erstaunt stelle ich fest, daß ich tatsächlich viel mehr bin, als mein bisher gelebtes Leben mit allen schönen und weniger schönen Erfahrungen.

Nadja, 29, Geschäftsfrau

Wir übten in der Gruppe, da war mir auf einmal, wie wenn Licht meinen ganzen Körper durchflutete, jeden Winkel, mich auflud wie eine Batterie. Alles in mir wurde freier, weiter, dehnte sich aus. Dann wurde ich überschwemmt von Wellen voller Glückseligkeit. Dann wieder hatte ich ein Empfinden, als ob alle Zellen meines Körpers unter Feuer stünden, Feuer, das alles verbrennt, was überflüssig ist. Es fühlte sich an, wie eine körperliche, seelische, geistige Tiefenreinigung. Denn sogar mein Kopfinneres, mein Gehirn, sah ich in diesem Feuer. Ich fühlte ein unbeschreibliches Prickeln und Vibrieren.

Peter, 35, Musiker

(Aus einem Brief:) Du hattest empfohlen, die *12 Diamanten,* wenn möglich in der freien Natur durchzuführen. Vor einiger Zeit war ich in Indonesion. Ich fand einen einsamen Platz am Strand. Täglich übte ich dort fünf der mir wichtigsten »Diamanten«. Eines abends, es war kurz vor Sonnenuntergang, erlebte ich, wie sich nach der fünften Übung die Grenzen zwischen mir und diesem wunderschönen äußeren Paradies auflösten. Ich wurde ein Teil von dem, was ich über meine Sinne kurze Zeit zuvor noch als von außen einströmend spürte. Ich erlebte Bali wie ein Lebewesen, ähnlich einer Geliebten, die Teil von mir geworden ist, ganz tief im Herzen. Strömende Dankbarkeit und ein unbeschreibliches Glücksgefühl stiegen in mir auf. Eine grenzenlose Freude, die ich in dieser Art sonst nur während des Spielens ganz besonderer Musikkompositionen erlebe.

Bali war innen und gleichzeitig außen, in mir und um mich herum. Ich habe so etwas in meiner Musik, gelegentlich auch mit Frauen erfahren, aber noch nie mit Plätzen in der Natur.

In den folgenden Tagen ging es noch weiter: Da waren Impulse, als ob die Insel und seine Erde, die Flora, die Fauna mit mir kommunizierten, innerhalb und außerhalb von mir, in ihrer eigenen Sprache: Nur wenn du bereit bist, dein sprituelles Bewußtsein auf mich, auf meine Erde zu bringen, wenn du dich mit mir verbindest, kannst du wieder ganz und heil werden. Hast du vergessen, daß du ein Teil von mir bist, aus demselben Staub geformt? Du kannst nicht getrennt von mir existieren. Wir haben ein gemeinsames Erbe – ich, ihr Männer und Frauen und eure Kinder und Kindeskinder. Wir atmen dieselbe Luft und wir existieren durch denselben Hauch des Geistes. Ihr Menschen seid keine isolierte Ganzheit. So wie euer Atem eure Körper belebt, so strömt mein Lebenselixier aus den Farben, Formen und dem Duft meiner Blumen, aus meinen Bäumen, Blüten und Früchten. Fühlst du die Energie, die aus meinen Gewässern durch meine Adern strömt? Hörst du das Dröhnen des Feuers, das in der Höhle meines Bauches schwelt? Erkennst du endlich, daß ich durch dieselben fünf Elemente existiere, wie dein menschlicher Organismus, und daß dieser wiederum durch die Früchte aus meiner Erde existiert?

In diesem Augenblick erkannte ich: Der Himmel, das Paradies ist nicht nur eine Insel im Außen, es ist vielmehr eine erweiterte Ebene des Bewußtseins. Ein Seins-Zustand, das Bewußtsein der Verbundenheit mit allem, was in mir und außerhalb von mir ist.

Rita, 49, Krankenschwester

Ich war auf dem Weg zum Dienst in die Klinik. Es war der erste Tag meiner Nachtschicht. Ich liebe meine Arbeit. Kurz zuvor hatte ich noch die Energieübungen durchgeführt, um mich für die Nacht ›aufzuladen‹. Ich beobachtete die Menschen in der U-Bahn, ihre Gesichter, bleich, verschlossen, unnahbar. Es tat mir weh, die Kälte, die Leblosigkeit. In diesem Augenblick beschloß ich, alles zu tun, um nicht selbst eines Tages zu einer solchen ausdruckslosen Marionette, einer leblosen Hülle zu verkümmern. Da wurde mir bewußt: Je mehr ich mich selbst der Welt und dem Leben mit allen Licht- und Schattenseiten öffne, auch mitten im Getummel der Großstadt, desto mehr kann ich vom Leben empfangen, es in mich aufnehmen, durch mich fließen lassen und noch wichtiger – mit meiner Umwelt teilen. Desto lebendiger und bewußter kann ich werden und auch bleiben.

Irmi, 43, Yogalehrerin

Zum ersten Mal erlebte ich, daß ich gar nichts mehr tun muß, keine Erwartung, keine Methode oder Technik. Wenn ich mich ganz einfach und bewußt nur auf die Heilkraft in mir einstimme, dann kann das Gleichgewicht wie von selbst wieder hergestellt werden. Heilung kann nur geschehen, nicht gemacht werden. Ich habe mich bisher verloren auf der Suche nach Harmonie, nach Wissen, nach Ganzwerdung. Verloren im Tun und Machen und Habenwollen. Doch in dieser Stunde stellte ich fest: Alles, was ich bisher gesammelt habe, sämtliche Affirmationen und Mantren, die ich über Jahre mechanisch und zwanghaft rezitierte, diverse Körper-, Hatha-Yoga- und Atem-Methoden, die ich ausprobierte, können nur den Weg ebnen. Sie können niemals meine endgültige Befreiung ermöglichen, solange ich nicht bereit bin, mich vollkommen von meiner diamanten Essenz erfüllen und durchdringen zu lassen.

Bernd, 33, Küchenchef

Es war während der »Geste der Absichtslosigkeit«. Ich erlebte sie wie eine Meditation des Augenblicks. Nur dieser Moment existierte, nichts anderes war jetzt wichtig. Es gab keine Gedanken mehr. Nichts mehr zu tun, kein Machen. Da war nur reines Gewahrsein und doch gleichzeitig die Wahrnehmung: Wenn ich mich auch als Mann auf Empfangen, auf Geschehenlassen einlassen kann, wird es mir möglich, losgelöster, freier und unabhängiger zu werden. Empfangen ist wie vertrauensvolle Hingabe an mich selbst, an die Welt und an meine Mitmenschen. Mein anstrengendes Kontrollverhalten als Führungskraft in meiner beruflichen Tretmühle hat mir diese erlösende Erfahrung bisher unmöglich gemacht.

Jeder meiner Wünsche, für mich und für andere, kann nur in der Relation verwirklicht werden, in der ich bereit bin, mich der Kraft und Macht meiner diamantenen Essenz vollkommen zu übergeben. Ich hoffe, ich kann diese Erfahrung in mein tägliches Leben übertragen, wenn es auch nur für Augenblicke ist. Zumindest ist das jetzt mein Ziel.

Guido, 48, 5-Tibeter-Trainer

Zum ersten Mal erlaubte ich mir Bewegungen von innen nach außen, nicht wie bisher bei anderen Körpermethoden, beim Yoga, Tai-Chi oder den 5-Tibetern technisch gelernt, vom jeweiligen Lehrer vorgegeben und mechanisch kopiert. Dazwischen kamen andere Bewegungen. Mein Körper schien sich aus einem Raum heraus bewegen und atmen zu wollen, etwas, was ich in dieser Art zuvor noch nicht kannte. Dabei war es für mich diesmal völlig gleichgültig, ob ich gut oder besser sei, wie die anderen im Raum. Es war mir nicht mehr wichtig, ob der Ablauf perfekt, ob er richtig oder falsch war. Ich ließ mich von etwas führen und bewegen, von einer Kreativität, die aus meinem Innersten strömen und sich nach außen entfalten wollte. Und es war sehr wohltuend, befreiend.

Heute morgen beim Aufwachen wurde mir dann klar: Mein bisheriges Leben bestand aus übernommenen Erfahrungen meiner Außenwelt, von meinen Eltern, Vorgesetzten, Lehrern, ja sogar von spirituellen Meistern. Ich bin indoktriniert. Ich habe mir starre, traditionelle Konzepte überstülpen lassen, habe sie genauso weitergegeben, den jeweiligen Situationen angepaßt. Bisher war ich mir meiner innersten Wahrheit, meiner wahren Authentizität gar nicht bewußt. Sie war irgendwo verschüttet. Schmerzhaft erkannte ich, das tiefe Erleben meines Ursprungs, die Freiheit und die Fülle meines Lebens, meines Ausdrucks und meines Daseins kann mir kein Buch der Welt schenken, auch kein Guru, wie immer die vielversprechende und verheißungsvolle Botschaft im schönsten Geschenkpapier aus Worten verpackt und mir übergestülpt sein mag. Ich selbst bin es, in dem ich mir selbst die Möglichkeit, die Bereitschaft und den Mut erlaube, die unmittelbare Erfahrung zu machen, daß ich nicht nur einen Körper habe, der sich aus seinem innersten Raum frei bewegen und entfalten möchte. Ich bin Körper, beseelter Körper und lebendige, verkörperte Liebe.

Colette, 38, Hausfrau und Mutter

Beim siebten Diamanten, »Das Universum hereinholen«, entdeckte ich den großen Unterschied zwischen Nehmen und Empfangen. Empfangen ist noch einmal etwas anderes. Ich erlebte das Wunder des Empfangens. Im Bruchteil einer Sekunde gelang es mir, den Verstand ins Herz fallen zu lassen. Zunächst war da noch etwas Unbehagen, Unsicherheit. Doch unmittelbar anschließend entdeckte ich: Nehmen ist begrenzt, Empfangen ist befreiend.

Die überlicherweise uns Frauen zugeordnete Fähigkeit des hingebungsvollen Empfangens erweitert Herzen und Horizonte. Darüber hinaus – die Übung des Empfangens ist für mich die einzige Möglichkeit, mein begrenztes und längst überholtes Glaubensmuster – »das habe ich nicht verdient« – aufzulösen.

Maria, 43, Deutschlehrerin

Du hattest uns empfohlen, die Augen geschlossen oder wenigstens halb geschlossen zu halten. Doch meine Neugier war stärker. Ich war versunken, blickte aber trotzdem in die Runde. Dabei sah ich etwa zwanzig Teilnehmer unserer Fortbildung. Alle sahen so unterschiedlich aus und führten doch dieselbe Bewegung durch. Vor mir viele verschiedene Körper, Gesichter, jedes anders im Ausdruck, in der Form.

Etwas in mir wurde berührt durch dieses Bild von außen. Doch die Berührung, die Wahrnehmung geschah in mir: Wir alle sind Diamanten mit unzählig vielen Facetten und Unebenheiten. Schlummert nicht hinter dieser ungeschliffenen Härte bereits die Vollendung, an die sich jeder von uns in seiner eigenen Zeit und Methode wieder erinnert. Geschieht diese Vollendung nicht vorwiegend durch Er*inner*ung an das, was sich hinter unseren diversen äußeren Masken und entsprechenden Verhalten verbirgt?

Edda, 61, freiberuflich

Ich übe den sechsten Diamanten, den »Herzlotus öffnen« täglich, manchmal alleine und bis zu zwölfmal, manchmal auch in Verbindung mit den anderen Übungen. Seither erlebe ich so etwas wie ein Gewahrsein meines Herzens. Das ist aber nicht immer angenehm. Gelegentlich fühle ich dabei Trauer, sogar manchmal Angst. Bilder und Gefühle alter Verletzungen steigen hoch. Sie sind einfach da, sie kommen und gehen, ohne daß ich danach forsche. Gelegentlich fühle ich auch eine tiefe, satte Geborgenheit in mir, eine Stille und einen grenzenlosen Frieden in meinem innersten Zentrum. Manchmal fühlt es sich an, wie eine kontinuierliche Herzensmeditation, egal, was ich spreche, denke, höre und tue. Es ist, als ob es aus diesem Raum geschieht.

Emil, 59, arbeitslos

(Emil schrieb mir:) Seit Jahren hatte ich Schmerzen in meinen Händen und Handgelenken. Alle Versuche über konsequentes Praktizieren der fünf Riten oder bestimmter Asanas aus dem Hatha-Yoga scheiterten. Sie verschlimmerten sogar diese Beschwerden. Als ich die ersten Male mit den *12 Diamanten* begann, erlebte ich etwas ganz Merkwürdiges: Beim Aufnehmen der kosmischen Energie über die Hände und Handgelenke konnte ich zwar die Energie in den Händen fühlen, aber sie ging nicht hindurch. Es war, als ob meine Handgelenke abgeschnürt, gefesselt seien. Die Energie konnte nicht durchströmen, weder von den Händen, noch von den Armen. Und dann, beim Nachspüren, als ich in meinen Körper horchte, kam eine alte Erinnerung hoch. Es war wie ein Signal, das aus meinem intuitiven Körpergedächtnis zu kommen schien. Daß ich etwas festhalte, einen psychischen

Schmerz, der noch heute an mir nagt. Im Bruchteil einer Sekunde stiegen die Bilder und Verbindungen zu meinen Schmerzen auf: Jahrelang war ich leitender Angestellter in einer renomierten Automobilfirma gewesen. Dann sollte ich eines Tages plötzlich Platz machen für den weitaus kompetenteren und umfangreicher geschulten Nachwuchs. Diese Demütigung habe ich bis heute nicht verkraftet. Ich hatte auf einmal nichts mehr in meinen Händen, hatte keine Verantwortung mehr zu tragen. Ich rutschte in eine Krise, die über Monate anhielt. Das Schlimmste war das bodenlose Gefühl der Ohnmacht. Ich hatte nichts mehr, woran ich mich festhalten konnte. Mein ganzes Leben fühlte sich an, wie ein bodenloses, leeres Faß. Als diese seelische Krise überstanden war, begannen meine körperlichen Beschwerden, zunächst in Händen und Handgelenken, dann über die Arme bis in die Schultergelenke.

Seit sechs Wochen praktiziere ich nun die Energieübungen. Besonders intensiv und bewußt die ersten drei und den zehnten Diamanten. Bewußt lenke ich die Aufmerksamkeit dabei in meine Hände, Arme und Schultern. Ich stelle mir vor, wie sie von Licht und kosmischer Energie aufgeladen und durchströmt werden, wie meine Hände sich langsam und vertrauensvoll wieder öffnen und die Handgelenke durchlässig werden. Meine Schmerzen sind erheblich besser geworden und endlich kann ich nachts wieder durchschlafen.

Mechthild, freiberuflich

Wieder und wieder übe ich hauptsächlich »Den Herzlotus öffnen«. Es ist wie ein Eintauchen in meine innerste Höhle. Ein Ort, an dem ich mich absolut sicher fühle, zuhause. Dort bin ich unverletzbar, beschützt, geborgen. Und gleichzeitig fühle ich in diesem innersten, winzigen Raum manchmal grenzenlose Weite, eine ungewöhnliche Weichheit und Mitgefühl, für alles, was existiert. Es ist ein Punkt, an dem sich mein ganzes Leben zu begegnen und auszusöhnen scheint. Da ist kein Gut und Böse mehr, kein Richtig oder Falsch. Und dort spielt sich auch alles gleichzeitig ab. Ein Ankommen, ein sich selbst Genügen, so wie ich es ab und zu mit meinem Freund erlebe. Alles, was mich sonst belästigt, tritt während des Übens in den Hintergrund, löst sich in Nebel auf.

Roland, 46, Atemtherapeut

Mein Körper fühlte sich wie ein Gefäß an, eine Schale. Einige Stellen fühlte ich blockiert. Ich übte weiter. Plötzlich war meine Frau in meinem Bewußtsein, obwohl sie gar nicht in unserem Übungsraum anwesend wahr. Ich fühlte wie sie. Da wußte ich auf einmal, wer sie ist und wie sie ist und was sie tief in ihrem Inneren wirklich bewegt. Nie zuvor habe ich das so bewußt wahrgenommen. Und obwohl wir in Trennung leben, wußte ich, daß wir in Wirklichkeit gar nicht getrennt sind, niemals sein werden, auch wenn sie tatsächlich zu diesem anderen Mann geht. Da ist eine höhere, eine weitere Verbindung, die immer war, immer ist, immer sein wird, egal wo und mit wem sie lebt. Meine Eifersucht der letzten Monate, die mich vernichtet hatte, war jetzt wie weggeblasen. In diesem Augenblick war ich bereit, sie freizugeben. Dieser Impuls bewirkte in mir eine große Erlösung. Ich fühlte, wie ich selbst dabei frei wurde, frei innerhalb meines eigenen Herzens. Es konnte sich jetzt unendlich ausdehnen.

Armin, Steuerberater

Beim Nachwirken spüre ich jedesmal, wie meine Hände prickeln. Manchmal ist da ein Gefühl, als ob sie riesengroß sind, warm, durchblutet, so wie Bärenpranken. Ähnlich ist es mit den Füßen.

Myra, 49, Apothekerin

Bei geeignetem Wetter übe ich immer draußen, in unserem wunderschönen Gartenpark. Dort sieht mich niemand und keiner stört mich. Immer mehr erlebe ich, wie ich von überall Energie in mich aufnehmen kann – aus der Erde, aus der Luft, von allem, was mich umgibt. Und ich kann so viel davon haben, wie ich brauche. Es ist alles da, es gibt keinen Mangel. Ich kann auch unterscheiden, wieviel ich davon brauche, und ich kann entscheiden, wieviel ich aufnehmen möchte. Ich kann spielen damit. Ich brauche nur bewußt meine Aufmerksamkeit auf etwas zu lenken – ein Impuls, manchmal intensiver, manchmal weniger – und schon spüre ich, wie Energie dieser Aufmerksamkeit von mir, diesem Impuls folgt. Ich kann die Energie hin- und herschieben. Ich kann sie hinlenken, wohin ich möchte. Und ich kann es aber auch der Intuition meines Körpers überlassen, das energetische Gleichgewicht herzustellen, ohne daß ich selbst etwas dazu tun muß. Je mehr und bewußter ich übe und forsche, desto freier fühle ich mich, jedesmal neu darüber zu entscheiden.

Armin, 41, Religionslehrer

Mit jedem Abstreifen in Verbindung mit bewußter Atmung taste ich mich vor zu meinem innersten Kern, der etwas ganz Empfindsames zu beschützen und zu verbergen scheint. Manchmal entsteht etwas Angst. Ich weiß, es ist die Angst, eine Hülle nach der anderen fallen zu lassen, nackter zu werden, mich zu entblößen, besonders auch vor mir selbst, mit allen Unvollkommenheiten, die mir jetzt aber gar nicht mehr so bedrohlich scheinen. Ich sehe sie inzwischen als Teil meines Menschseins. Ich kann sie akzeptieren. Vor einigen Tagen wurde mir schlagartig bewußt: Wenn ich mich nicht selbst in meinem Innersten zu entdekken und zu lieben wage, mit allem, was ist, wie kann ich dann jemals den Schöpfer, Gott, in mir und in meinem Mitmenschen entdecken! Wenn ich mich nicht in meiner innersten Nacktheit annehmen kann, die mir zunächst viel bedrohlicher schien, als mich äußerlich nackt zu zeigen, so lebe und zeige ich mich doch nur in einer Schein- und Fassadenwelt. Ich bin dann mehr Schein, als Sein, selbst meine spirituellen Konzepte betreffend.

Jetzt weiß ich, daß die tiefsten, innersten Erfahrungen der Mystiker aller Welt, aller Kulturen und aller Zeiten immer dieselben sind und waren. Sie unterscheiden sich einzig in den Begriffen und Bildern, wie sie auf der Ebene der Sprache ausgedrückt werden. Und genau da beginnt schon wieder die schmerzhafte Trennung. Dieser Punkt der Trennung ist der Ursprung meiner menschlichen Sehnsucht. Die mystische Erfahrung aber liegt jenseits von Intellekt, jenseits des Verstandes, hinter meiner Persönlichkeit, jenseits von allen Begriffen, Worten und Symbolen. Diese spiegeln ja nur die Sehnsucht, die Gedanken und die Gefühlswelt unterschiedlicher Religionen und Traditionen. Meine wirkliche Religion ist die unmittelbare Seins-Erfahrung, das absolute Wissen, daß mein ganzes Leben aus dem Raum meiner innersten Quelle entspringt, geboren aus meinem Ursprung, dort, wo ich mit allem und jedem verbunden bin. Dort gibt es auch kein »mein« und »dein«. Und das ist weder Theorie, noch Dogma. Es ist auch kein Konzept, sondern die unmittelbare Erfahrung reinen Gewahrseins.

Und dann

Eine Nachbesinnung

Es ist es so, daß wir etwas für die Wahrheit halten. Aber wenn wir uns zu fest daran klammern, werden wir uns der wirklichen Wahrheit nicht mehr öffnen können, selbst, wenn sie persönlich an unsere Tür klopfen sollte. Jedenfalls sagte Buddha das einmal.

So kann es Dir auch mit den Übungen der *12 Diamanten* ergehen. Sie erhöhen und erweitern Deine Wahrnehmung, die Frequenz Deines Herzens, Deine Fähigkeit zu fühlen und Dich fühlen zu lassen. Sie unterstützen Dich, in die Dimension der reinen, unverschleierten Intuition vorzudringen.

Wenn Du bereits eine Weile konsequent geübt hast, dann konntest Du vielleicht beobachten, wie es Dir gelungen ist, jedesmal ein wenig mehr aus jenem tiefen, stillen Raum in Dir mit in Deinen Alltag hinüberzunehmen. Und irgendwann einmal kann es geschehen, daß es für Dich zwischen Deinem Alltag und jenem Raum keinen Unterschied mehr gibt, keine Trennung mehr zwischen Hier und Dort, zwischen Innen und Außen, zwischen Intuition und Intellekt, zwischen Gedanken, Gefühlen und Körper.

Es ist einfach die ganze, schlichte Wahrheit in einer Nußschale, daß Getrenntheit nichts als Illusion ist. Irgendwann entdeckt Dein Intellekt, daß er bloß durch eine höhere Präsenz, durch eine grenzenlosere Macht existieren kann und daß er sich dieser zu übergeben hat, denn es ist die Auf*gabe* des Intellekts, sich seiner Abhängigkeit von dieser höheren, machtvollen Präsenz bewußt zu werden und sich ihr dann zu ergeben und sich mit ihr zu vereinen. Wenn Dir das gelingt, dann erkennst Du, daß intellektuelles Wissen nicht mit Erkenntnis zu verwechseln ist und daß Erkenntnis nur der erste Schritt zur Verwirklichung ist.

Ebensowenig, wie die Brille die Sonne sieht, können wir das Sein, unsere Essenz, mit dem Verstand erfassen. Tatsächlich können wir nur sein. Und dieses Sein ist das ewige, zeitlose »Ich bin«, das in diesem Buch »diamantene Essenz« heißt. Es ist Dein Ursprung in Dir, Dein Selbst. Nur dort kannst Du IHN finden und in IHM aufgehen. Wenn Du die *12 Diamanten* übst, ist es Dir vielleicht ab und zu möglich, die Welt des Scheins von der wirklichen Welt zu unterscheiden.

In dem Maße, in dem Du wieder wahrhaftig, authentisch, unschuldig, spontan und einfach geworden bist, wird es Dir auch gelingen, Deine diversen Masken und Aushängeschilder, sowie die Deiner Mitmenschen zu durchschauen – zunächst noch bewertend, aber dann immer wertfreier als ein Spiel, in dem Du gleichzeitig Darsteller und Zuschauer bist. Vielleicht kannst Du dabei Illusion und Wirklichkeit unterscheiden, und schließlich – wenigstens für Augenblicke – die beiden Welten und damit alle Gegensätze im Herzen integrieren und im Zentrum Deines Wesens erfahren. Dann hast Du Deine diamantene Essenz wirklich wiedergefunden. Dann bist Du wieder zuhause angekommen.

Du erkennst, daß dieses Erleben ausschließlich durch die Übergabe an Deinen Schöpfer in Dir und um Dich herum möglich ist, durch die Hingabe Deiner individuellen Persönlichkeit, Deines Körpers und Deines Herzens an das grenzenlose Gewahrsein, das alles durchdringt und alles verbindet. Unabhängig, wie oft, wie viel und in welcher Reihenfolge Du die *12 Diamanten* übst, sekundenweise wird Dir bewußt, daß Hingabe der wichtigste Schlüssel ist, der alle Tore zu Deiner Innen- und Außenwelt öffnet.

Du hast alle Diamanten als Ebene Deines Bewußtseins in Dir, in Deinem Körper, in der Tiefe Deines Herzens wahrgenommen, als einen Seins-Zustand. Es ist jene Ebene, in der die heilende Aussöhnung von Geist und Materie, von Himmel und Erde, von allen Polariäten wie von selbst geschehen ist. Ein Raum der Leere und grenzenlosen Weite und gleichzeitig der überströmenden Fülle. Eine Ebene des Vertrauens, das Urvertrauen, das stets alles ist, da war und immer da sein wird, jederzeit und überall, für Dich, für mich für jeden Menschen, der diesen wichtigsten und letzten Schlüssel erkennt und zu benutzen weiß.

Und staunend blickst Du um Dich: Da sind Fülle und gleichzeitig Freisein von der Fülle, das absolute Wissen und das bedingungslose Vertrauen, daß Dir alles zur Verfügung steht. Dein kleines Ich ist eins geworden mit dem großen Ich bin, verschmolzen mit dem Urschöpfer. Und in diesem Bewußtsein gibt es nichts mehr zu wünschen, denn alles ist, war schon immer und wird immer da sein.

Jetzt liegt es an Dir, zu entscheiden, ob, wie, wie oft und wie lange Du weiter übst, bis Du für immer diesen Deinen Urzustand leben kannst.

Literaturquellen

Barnett/Magyarosy: Der menschliche Diamant. Integral-Verlag, Wessobrunn, 1991.

Barnett, Michael: Diamant Yoga Handbuch. CEC – Cosmic Energy Connections, Zürich, 1993.

Magyarosy, Maruscha: Intelligenz des Herzens durch die Fünf »Tibeter«. Integral-Verlag, München, 1997.

Magyarosy, Maruscha: Das Paradies ist in Dir. Integral-Verlag, München, 1999.

Rinpoche Sogyal: Funken der Erleuchtung. O. W. Barth, München, 1995

Maruscha Magyarosy

hat als Reisejournalistin in Asien, Amerika und Europa gearbeitet. 1983 debütierte sie im Param Verlag mit dem Buch *Vom Ozean zum Gipfel,* in dem sie ihre Erfahrungen mit östlichen Weisheitslehrern beschreibt. Inzwischen hat sie über ein Dutzend Bücher geschrieben und blickt auf eine 20-jährige Berufserfahrung als Yoga-, Körper- und Atemtherapeutin zurück. Sie gibt jedes Jahr mehrere Seminare, Vorträge, Fort- und Ausbildungen. In München leitet sie das *Zentrum für innerFitness.* Pernerkreppe 22 in 81925 München

Michael Barnett

leitet seit über 30 Jahren weltweit Seminare und Trainings und hat über 50 Bücher veröffentlicht. Er wurde 1930 in London geboren und studierte in Cambridge. 1969 gründete er die Laienbewegung *People not Psychiatry* und 1971 eines der ersten *Growth Center* in England. 1974 ging er nach Poona und wurde er Sannyasin. 1982 trennte er sich von der Sannyas-Bewegung und gründete 1984 die *Wild Goose Company Association* in der Schweiz. Heute lebt er mit seiner Familie und einigen Mitarbeitern in der Nähe von Zürich. OneLife, Postfach 457 in CH-8044 Zürich

Maruscha Magyarosy

Der Dalai Lama und das Mitgefühl

80 Seiten, 9,5 x 15 cm
gebunden
viele Abbildungen
ISBN 3-88755-338-1

Das Mitgefühl

ist ein wichtiger Aspekt der buddhistischen Lehre. Das Buch enthält kurze Texte und einige kleine Meditationsübungen, vor allem aber Zitate des Dalai Lama und viele Fotos, die vorher noch nie veröffentlicht wurden. Inka Jochum, Gründerin des DANA e. V. zur Unterstützung der tibetischen Flüchtlinge in Indien, hat dafür ihr privates Fotoalbum geöffnet.

Dieses kleine Buch ist eine ständige Inspiration. Man kann immer wieder darin blättern und lesen, um sich von der Schönheit und Reinheit der buddistischen Gedankenwelt umarmen zu lassen. Durch seine Ausstattung und handliche Größe ist es auch ein schönes Geschenkbüchlein für jede Gelegenheit.

Dieses Buch kann Beziehungen heilen

Die Anforderungen des Alltags führen oft dazu, daß in Beziehungen die Nähe der Herzen verlorengeht. Mit der verblüffend einfachen *Herz-Umarmung* kann diese Nähe sofort wiederhergestellt und beständig vertieft werden. So wird die Grundlage geschaffen, um alle Beziehungsprobleme zu meistern. Die Umarmung ist die innigste Geste der Herzlichkeit. Die *Herz-Umarmung* gibt dieser Geste spirituelle Tiefe.

Die zweite Auflage dieses einzigartigen Buchs wurde behutsam überarbeitet, erweitert und durch eine CD mit geführten Meditationen ergänzt.

Die Herz-Umarmung
128 Seiten 17 × 17 cm plus CD
ISBN 3-88755-205-9
ab Frühjahr 2000 in jeder Buchhandlung